이자익 목사 일기

1929년 자필본 해제(解題)

이자익 목사 거창선교 100주년 기념

이자익 목사 일기

1929년 자필본 해제(解題)

이자익 목사 거창선교 100주년 기념

이자익 목사, 거창 1935년

문성모 옮김

한들출판사

차례

옮긴이의 말/ 문성모 - 6

축하의 글/ 김종원 - 10

축하의 글/ 정병준 - 12

축하의 글/ 김형대 - 14

이자익 목사의 거창 순회 선교에 대하여/ 문성모   17

일기에 대하여/ 문성모   39

일기

1월 1일 ~ 12월 31일   56

12월 31일 이후 일기장 뒷부분의 기록들   157

부록

부록 1. 이자익 목사 연보(李自益 牧師 年譜)   165

부록 2. 이자익 목사 후손   175

부록 3. 일기 속의 이자익 목사 관련 인물   177

부록 4. 사진   183

부록 5. 사람 이름 찾기   188

부록 6. 교회 및 지역 이름 찾기   196

부록 7. 사물 이름 찾기   199

참고문헌 - 202

옮긴이의 말

이자익 목사는 김제 두정리교회(현 금산교회)와 구봉리교회(현 원평교회)를 목회하면서 전북노회장을 역임한 후, 1924년 제13회 장로교 총회장에 선출되어 전국적으로 그 이름과 인품과 능력을 알리게 되었다. 그리고 1925년 호주 장로교 선교회의 요청으로 거창 지부 선교사 대리로 파송되어 11년 동안 거창, 합천, 함양군에 산재한 31개 이상의 교회를 순회 목회하였다. 올해(2025년)는 이자익 목사 거창선교 100주년의 해로 이를 기념하며 그의 자필 일기를 해제(解題)하여 출판하게 되었다.

이 일기는 이자익 목사가 1925년부터 1936년까지 거창지역 순회 목사로 사역하던 기간 중 나이 50세 때인 1929년 1월 1일부터 12월 31일까지 1년 동안의 삶과 사역 내용을 적은 것이다. 1929년은 이자익 목사가 2년(1927~1928) 동안 경남노회장을 역임한 후, 부노회장으로 활동하던 시기였다. 또한 평양신학교 이사직을 맡고 있으면서, 동시에 같은 학교의 별과(연구과)에 입학하여 공부하고 있었다. 가정적으로 1929년 당시 이자익 목사는 6남 2녀의 자녀를 두었으며, 부인 김선경 사모는 12월에 쌍둥이 딸을 출산했으나, 불행하게 난산(難産)으로 소천하였다.

이 시기에 이자익 목사가 친필로 쓴 일기는 당시의 선교 상황을 엿볼 수 있는 소중한 역사 자료이다. 이 일기에는 경남의 거창 지부를 총괄하며 교회를 돌보았던 이자익 목사가 만난 수많은 인물과 사역했던 교회 이름이 기록되어 있다. 그리고 이자익 목사의 주님을 향한 열정과 헌신을 피부로 느낄 수 있어서 감동적이다. 그는 50세의 고령에 건강하지 못한 몸을 이끌고 하루 24시간이 모자랄 정도로 교회를 돌보았다. 8명의 자녀와 만삭(滿朔)의 아내를 둔 가장이었지만, 교회가 먼저였고 주님의 일이 우선이었다. 이 일기의 가치는 다음과 같다.

첫째로, 이자익 목사의 하루 일과를 통해 그의 삶을 구체적으로 들여다볼 수 있다는 점이다. 병약(病弱)한 몸과 가정적, 경제적 어려움 속에서도 그가 아침부터 잠자리에 들 때까지 교회를 위해 얼마나 헌신하며 살았는지를 생생하게 보여준다.

둘째로, 이 일기를 통해 이자익 목사의 따뜻한 인간미를 느낄 수 있다. 복음 전도를 위해 동가식서가숙(東家食西家宿)하며 분주하게 여러 지역의 교회를 돌보는 가운데서도, 그는 가족과 자식을 위해 직접 시장에서 장을 보고 물건을 챙겨서 집에 돌아오는 모습을 보여준다.

셋째로, 당시 거창 지부를 책임진 선교사 대리로서의 이자익 순회 목사의 활동을 엿볼 수 있다. 그는 바울처럼 여러 교회를 방문하고 많은 사람을 만났으며, 편지를 통해 지속적으로 소통했다. 이와 관련된 교회와 교인들의 이름, 그리고 예배나 사경회의 모습이 생생하게 기록되어 있어서 그의 목회 활동이 어떻게 펼쳐졌는지를 살펴

볼 수 있다.

넷째로, 이 일기가 무엇보다 중요한 점은 이자익 목사가 관계했던 교계의 거물급 선교사들과 조선인 교회 지도자들의 이름이 자주 등장한다는 것이다. 이를 통해 이자익 목사의 위상과 한국 교회사의 숨겨진 대목들을 새롭게 발견할 수 있다.

다섯째로, 이 일기를 통하여 최의덕(崔義德, Lewis Boyd Tate) 선교사의 사망 연도가 1929년 3월 전이었음을 확인할 수 있다. 이자익 목사는 3월 20일 일기에서 최의덕 목사의 별세 소식을 들었다고 기록하고 있다.

여섯째로, 함태영 목사의 3남 함병창의 사망 연도가 1929년이라는 단서가 발견된다. 이자익 목사는 1월 18일 자 일기에서 친구 함태영 목사의 차남이 죽었다는 소식을 들었다고 언급했다. 그러나 차남 함병승의 사망 연도는 1956년이기 때문에, 아직 밝혀지지 않은 3남 함병창의 사망 연도일 가능성이 크다.

일곱째로, 일기 중에 나오는 당시 교통수단이나 소요 시간, 화폐의 가치와 시장에서 사고판 물건들을 통해 그 시대의 생활상을 엿볼 수 있다.

감사한 일은 대전 목원대학교 명예교수이신 문정일 장로께서 옮긴이의 부족한 한자 해독 능력을 보완해 주시고 헌신적인 조언과 도움을 아끼지 않은 탓에 이 일기를 해독하고 현대 문법에 맞게 옮길 수 있었다. 마음 깊이 감사를 드린다. 그는 본래 영문과 교수이기에 영어에 능통할 뿐만 아니라, 어렸을 때부터 서당에서 익힌 한문에도 깊은 지식과 풍부한 경험을 갖춘 분이다. 그는 『국한문 성경 필사』

본을 책으로 내고, 『성경한자용어사전』도 출판하여 한국교회에 많은 유익을 끼쳤다. 그리고 수많은 국내 서적을 영문으로 번역하여 세계에 알리는 작업도 하고 있다.

또한 이 일기에 나오는 일본어 해석을 도와주신 모휘대(森田日出夫, 모리따 히데오) 목사와 호주선교사들의 사진을 제공하고 관련 정보를 주신 서울장신대 부총장 정병준 박사에게 감사를 드린다. 그리고 이자익 목사와 관련된 여러 질문에 답해 주신 김병연 목사, 한인수 목사, 김형대 목사, 그리고 후손이신 김양호 권사, 이숙희 권사, 이민자 권사, 장옥문 권사, 장은옥 권사, 이규석 목사, 최완열 안수집사, 김승자 권사 등 여러분의 협조에 감사를 드린다.

이 일기의 가치를 인정하고 기꺼이 출판을 맡아 주신 한들출판사의 정덕주 목사께도 깊은 감사의 마음을 전한다.

2025년 3월 24일

문성모 (이자익목사기념사업회 이사장)

축하의 글

'이자익 목사 일기 자필본 해제'라는 책이 세상의 빛을 볼 수 있도록 수고하신 문성모 목사님께 감사한 마음과 축하의 말씀을 드립니다. 보고 싶고 더 많이 알고 싶은 이자익 목사의 일상과 순회 사역을 기록한 일기를 접할 수 있어서 꿈만 같습니다. 100여 년 전 언어와 행적을 글로 대할 수 있는 것은 난해한 부분이 한두 가지 아니었을 터인데, 알기 쉽게 이해할 수 있도록 친절하게 아주 자세한 각주를 달아주셔서 쉽게 읽을 수 있도록 하여 누워서 떡 먹게 되었으니 얼마나 편한지 모릅니다.

이자익 목사에 관하여 여러 책들을 보았지만 '이자익 목사 일기 자필본 해제'는 매일 매 순간을 연결하여 이자익 목사의 사적 비밀과 공적 사역을 여과 없이 보는 동영상이었습니다.

100년 동안 묻혀 있던 '이자익 목사 일기'가 세상에 빛을 보도록 불철주야 수고하신 문성모 목사님의 깊으신 뜻이 있다고 봅니다. 목양 일념, 구령의 열정으로 순회 사역을 이루신 참 목자의 표상을 어두워져 가는 세상에 드러내어, 밝은 길을 찾도록 길잡이가 되었으면 하는 바람이 아니었나 싶습니다.

산고(産苦)를 겪고 태어난 생명의 소중함처럼, '이자익 목사 일기 자필본 해제'의 출판을 통해 하나님 나라를 전하는 이들이 생명 운동의 중요성을 깨닫게 될 것입니다. 이 책의 출판을 환영하며, 열정적으로 수고하신 문성모 목사님께 진심으로 감사와 축하의 말씀을 전합니다.

2025년 3월 1일
김종원 목사 (금산교회)

축하의 글

　이자익 목사님의 일기(1929년)가 근 100년의 역사를 흘러 문성모 목사님의 해제(解題)를 통해 우리의 손에 들어왔다는 사실은 너무 큰 감격입니다. 문성모 목사님의 이러한 헌신과 노고가 없었다면 이 귀중한 신앙 유산과 교회사 자료는 빛을 볼 수 없었을 것입니다.
　1925년 호주선교부는 거창에 목사 선교사를 배치할 수 없게 되면서, 전북노회장과 총회장을 지낸 이자익 목사님을 청빙하여 선교사 역할을 하도록 요청하였고, 그 후 거창지역의 교회는 10년간 큰 발전을 이루었습니다. 이것은 장로교의 네비우스 선교 정책을 뛰어넘은 획기적인 조치였습니다. 그러나 그동안 일차 자료 부족으로 알려지지 않았던 이 역사가 이 책을 통해 드러나게 된 것에 큰 축하를 드립니다.
　이 책은 다음과 같은 중요한 의미가 있습니다. 첫째, 오랫동안 공백으로 방치되었던 거창지역의 교회사 연구에 획기적인 발전을 가져올 것입니다. 특히 역사 연구자들과 거창지역 교회는 큰 영적 자산을 얻을 수 있게 되었습니다. 둘째, 한국교회의 거목, 이자익 목사님의 헌신과 목회적 삶을 후학들에게 재조명할 수 있게 합니다. 셋째, 1929년 세계적인 공황으로 식민지 한국 경제가 처참한 상황에서, 한국교회의 전도자가 어떤 자세로 삶을 살면서 복음을 전했는지, 어떤 용어를 사용했는지 구체적으로 보여주는 자료가 될 것입니다.

 문성모 목사님은 민족의 정서로 하나님을 찬양하는 많은 찬송을 작곡하였고 학자와 신학대학의 총장으로서 신학계에 이미 많은 공헌을 남겼지만, 이 책을 통해 한국교회 사가(史家)로서의 면모를 유감없이 발휘하였습니다. 역사적 식견과 실증적 자세로 이 책을 해제한 문성모 목사님께도 큰 축하를 드립니다.

2025년 3월 10일
정병준 교수(서울장신대 부총장)

축하의 글

　이자익 목사 거창선교 100주년을 기념하며 일기를 출판하시는 문성모 목사님께 감사와 축하를 보냅니다. 총회장을 역임하신 이자익 목사님이 1925년 호주 선교부의 경남 거창 지부 순회 선교 목사 요청에 기꺼이 응하신 것은, 육신적 사리사욕을 버리고 섬기는 종의 길을 택하신 거룩한 결단이었습니다. 일기를 통하여 이자익 목사님의 주님을 향한 섬김과 수고가 한국교회에 널리 알려지고 한국교회를 변화시킬 수 있기를 바랍니다.

　이자익 목사님은 3선 총회장에 전라, 경상, 충청도에서 5선 노회장의 기록을 남겼지만, 이에 대한 자랑이 전혀 없었습니다. 오히려 평생을 농촌교회 목회자로 사셨고, 거창 지부 열악한 오지(奧地)의 30개 이상의 교회를 섬기며 십자가의 영성을 실천하셨습니다. 그는 장관 자리도 거절하고, 도시 교회의 청빙도 마다하면서 고난의 자리에서 그리스도의 신실한 종의 길을 걸어갔습니다.

　이 일기에는 이러한 이자익 목사님의 숭고한 종으로서의 모습이 곳곳에 배어있어서 감동을 줍니다. 그리고 오늘을 사는 우리에게 무언의 가르침을 주고 계십니다. 명예를 좋아하고 돈을 사랑하고 교권주의가 팽배한 한국교회가 다시 새로워지기 위해서는 이 일기 속의 이자익 목사를 만나 무릎 꿇고 배우는 길밖에 없다고 생각합니다.

이자익 목사님은 거창 선교부를 맡아 11년을 순회 목회하면서 경남지방의 많은 목회자들에게 섬김의 모범이 되셨습니다. 1927~1928년 경남노회장을 2년 연속 역임하실 때, 주기철 목사님은 부노회장이셨고, 최상림 목사님은 서기였습니다. 이자익 목사님의 섬김의 영성이 이분들과 경남의 순교자들에게 영향을 주었다고 생각합니다. 바라건대, 이 일기를 읽는 자들의 마음속에 이자익 목사님의 영성이 회복되기를 바랍니다. 이자익 목사님을 누구보다도 존경하고 따르는 문성모 목사님(전 대전신학대학교 총장)에 의해 100년 전 일기가 빛을 보게 된 것을 축하합니다.

김형대 목사(공익법인 JRP 문화재단 법인이사장)

이자익 목사의 거창 순회 선교에 대하여

1. 일기 속의 이자익 목사가 목회한 교회

이자익 목사는 이 일기에서 거창군을 중심으로 합천군, 함양군 지역의 교회들을 관할하였다. 그가 11년 동안 순회 목사로 돌본 교회는 31개 이상이나 된다. 김형대[1]는 이자익 목사가 10개 교회를 건축하고 14개 이상의 교회를 개척하였다고 하며, 그 이름을 책에 구체적으로 다음과 같이 열거하고 있다.

> 이자익 목사는 부산 경남 지역 교회 예배당 건축 10개 처, 교회 개척 14여 개 처를 세웠으니, 거창교회, 위천교회, 가천교회, 가조교회, 웅양교회, 적화교회, 원기교회, 초계교회, 관기교회, 야로교회, 구원교회, 함양교회, 개평교회, 합천교회, 성기교회, 대남교회, 상남교회, 운곡교회, 말흘교회, 북상교회, 가북교회, 농산교회, 청림교회, 도평교회 등을 순회 목회, 개척교회 및 예배당 건축을 시행하였다.[2]

이에 더하여 이 일기에 기록된 교회를 첨가하면 도동교회, 동원

---
1. 부산 산성교회 은퇴 목사.
2. 김형대, 『섬기는 리더십』, 부산, 도서출판 GloVil, 2017, (2025년 수정본) 54쪽.

교회, 사근교회, 서상교회, 소야교회(와룡), 안의교회, 청덕교회 등이 포함되어 모두 31개 교회가 이자익 목사의 사역지였다. 이를 지역별로 분류하면 다음과 같다.

번호	군 이름	면(읍)이름	교회 이름	사역 시기
1	거창군	거창읍	거창읍교회(=거창교회)	1925~1934
2		남상면	청림교회(=대산교회) (대산리)	1925~1936
3		남하면	가천교회 (대야리)	1925~1936
4		신원면(=삼가면)	소야교회 (소야리)	1925~1936
5		위천면	위천교회 (장기리)	1925~1934
6		가조면	가조교회 (마상리)	1925~1936
7		웅양면	웅양교회 (노현리)	1925~1936
8			적화교회(=하성교회) (한기리)	1925~1936
9		고제면	원기교회 (봉계리)	1925~1936
10			농산교회(=고제교회)	1934~1936
11		주상면	성기교회 (성기리),	1926~1936
12			도평교회 (도평리)	1936.2.~1936.9.
13		가북면	가북교회 (가북리)	1934~1936
14		마리면	말흘교회(=마리교회) (말흘리)	1934~1936
15		북상면	북상교회 (갈계리)	1934~1936
16	합천군	합천읍	합천읍교회(=합천교회)	1925~1936
17		초계면	초계교회 (초계리)	1925~1936
18		묘산면	관기교회 (관기리)	1925~1936
19		가야면	구원교회 (구원리)	1925~1936
20		야로면	야로교회 (구정리)	1927~1936
21		청덕면	청덕교회 (두곡리)	?~1936
22		대양면(=양산면)	도동교회 (도리)	?~1936
23		(주소 모름)	동원교회	?~1936
24		함양읍	함양읍교회(=함양교회)	1925~1936
25		지곡면	개평교회 (개평리)	1925~1936

26	함양군	안의면	안의교회 (금천리)	1925~1936
27		수동면(=사근면)	사근교회(=수동교회) (화산리)	1925~1936
28		서상면	대남교회 (대남리)	1928~1936
29			서상교회 (대남리)	1934~1936
30			상남교회 (상남리)	1928~1936
31		서하면	운곡교회 (운곡리)	1932~1936

그런데 일기에는 이 밖에도 교회라고 짐작이 되는 지명이 여럿 나오는데 이를 교회로 볼 수도 있다. 왜냐하면 위의 도표에 있는 교회 중 다수도 교회 이름이 아닌 지명만 쓰여 있기 때문이다. 그렇다면 그의 목회지는 더 많았다고 할 수 있다. 그 지명은 다음과 같다.

번호	일기 날짜	주소	지명 (일기 내용)
32	2.21.	거창군 웅양면 신창리	신창(愼昌) 재방문. 김 조사와 같이.
33	4.24.	함양군 함양읍 용평리	용평(龍坪)
34	4.26.	거창군 가북면 용암리	용암(龍岩)
35	4.29.	합천군 합천읍 용계리	용계(龍溪)
36	5.01.	거창군 주상면 완대리	독골
37	5.04.	거창군 남상면 월평리	월평(月坪)

위에 언급된 교회들 중 김형대가 말한 "예배당 건축 10개 처와 교회 개척 14여 개 처"가 정확히 어떤 교회들을 의미하는지 모두 알 수는 없다. 하지만 일기에는 이자익 목사가 몇몇 교회의 건축에 관여하고 모금을 주도한 내용이 나온다. 가령 1월 9일 자 일기에는 이자익 목사가 사근교회에서 수요 예배를 인도하고 "예배당 건축에 부족액은 오는[來] 주일에 연보(捐補)하고 그 외[其外] 부족금은 이인조 씨가 50원 담당하고 남는 것은 어디서 얻기로 하다."라는 기록이 있다.

또 1월 26일에는 소야교회 사경회를 인도하면서, 제직회를 열어 "교회 재산이 50원이 있는데 예배당 건축비로 보용(補用)하기로 하다."라고 결의하였다.

그다음, 이자익 목사가 개척한 14개 이상의 교회는 어디일까? 그것은 도표에 열거된 교회 중 1925년 이자익 목사가 거창 지부에 부임한 이후에 시작된 교회를 말한다. 즉, 거창군의 농산교회(1934~), 도평교회(1936~), 가북교회(1934~), 말흘교회(1934~), 북상교회(1934~), 합천군의 야로교회(1927~), 함양군의 대남교회(1928~), 서상교회(1934~), 상남교회(1928~), 운곡교회(1932~)의 10개 교회와 설립 연도를 정확히 알 수 없는 동원교회, 청덕교회, 도동교회, 그리고 지명만 기록된 교회 중 일부가 여기에 속할 수 있다.

이자익 목사는 이 많은 교회를 혼자 다 관리할 수가 없어서 각 교회를 담임하여 돌볼 조사(助師)를 세우고, 거창에 거주하며 거창읍교회를 중심으로 순회 목회를 한 것이다. 그러나 위의 개교회 역사 기록을 보면 개척 당시 수고한 조사나 교인들의 이름만 기록되어 있고, 이자익 목사의 이름은 몇 개 교회에만 언급되어 있다. 하지만 이자익 목사는 거창 지부를 총괄하는 선교사 대리 목사였기에, 이 모든 사역은 이자익 목사의 개척으로 인정해야 한다. 교회 건축에 관한 기록에서 보듯이 이자익 목사는 명목상 총괄 순회 목사가 아니었다. 그는 구체적으로 교회 건축에 관여했듯이 개척에도 그러했을 것이고, 이자익 목사를 돕던 조사들은 그와 상의하며 교회를 시작했을 것이다. 이자익 목사가 1936년 거창 사역을 마치고 떠날 때 경남노회 보고서에는 이자익 목사 시대의 교회 건축과 개척을 그의 공으로 돌리고 있다.

1925년 7월부터 경남노회에서 협동 선교사로 거창지방에서 사역해 온 이자익 목사는 그동안 10여 곳의 교회를 개척했고, 10여 곳의 교회당 건축도 진행했으며, 많은 결신자를 얻은 공헌을 이루었으나, 전북지방으로 다시 돌아가기로 하였다.[3]

2. 이자익 목사의 거창 선교 업적

이자익 목사는 인생의 가장 황금기인 46세(1925년)에 거창 지부 선교를 시작했는데, 그 일부가 일기에 기록되어 있다. 그는 선교사 대리 자격으로 순회 목회를 하며 31개 이상의 교회를 돌보았다. 일기에서 그는 아침부터 저녁까지 설교하고 심방하고 당회를 주관하고 재정을 관리하며 교인을 목양하고 교회를 세웠다. 이러한 일기 내용이 지금까지 사람들에게 알려지지 않았기 때문에, 거창지역 선교 역사에서 이자익 목사의 목회자적 권위와 사역의 비중이 오늘날 터무니 없이 과소평가 되어있는 것은 바로잡을 필요가 있다고 생각한다.

당시 호주선교회는 부산, 마산, 통영, 진주, 거창의 5개 지부를 관할하고 있었는데, 선교의 활성화를 위해 이자익 목사를 '호주 선교사 대리' 순회 목사로 초청하여 거창 지부에 파송하였다. 거창 지부는 거창 일원과 안의, 함양, 합천, 초계 지역을 관할하였다.

이자익 목사가 거창에 오기 전 거창 지부 지역은 도별익(都別益, Frederick James Thomas, 1916-1929)[4] 선교사가 1916년부터 1922년

---

3. 『경남(법통)노회 100년사』, 경남(법통)노회100년사편찬위원회, 서울, 키아츠(KIATS) 출판, 2016, 162쪽.
4. 도별익 선교사는 호주 멜버른에서 태어났고, 목사가 된 후 선교의 뜻을 품고 1916년 3

까지 6년간 순회 목사였다. 그러나 어린 딸의 건강상의 문제와 그의 어눌한 조선어 실력 탓에 선교에 지장이 있었다. 그의 갑작스런 사임에 호주 선교부는 마땅한 선교사를 구하지 못하였고, 또 재정적인 형편도 열악하여 제대로 된 선교사를 후임으로 정할 수 없었다. 이런 이유로 거창 지부에는 그 후 주로 여성 선교사들이 와서 조선 여성들에 대한 교육과 사회봉사 활동을 하며 선교 명맥을 이어갔다. 자연히 거창의 교회들은 구심점을 잃고 쇠약해지고 있었다. 즉, 이자익 목사가 오기 전까지 3년 동안, 이 지역은 마땅한 사역자가 없는 공백 상태였다.

바로 이러한 위기 상황에서 호주 선교부는 비상한 결단을 내렸다. 총회장을 역임하고 한국교회의 존경과 신임을 받는 당시 최고의 목사 이자익을 호주 선교사 대리 자격으로 거창 지부에 초청한 것이다. 이자익 목사는 특유의 근면함과 성실함을 발휘하며 11년 동안 밤낮 없이 거창, 함양, 합천군 지역 교회를 목회하였고, 거창 지부 교회들은 활력을 되찾고 부흥하였다.

이자익 목사는 1925년 7월부터 사역을 시작했고, 10월에는 가족을 오게 하여 함께 생활하였다. 그의 임무는 순회 목사였기에 한 교회를 목회하지 않고 30여 개 교회를 돌면서 교회를 세우고 교인을 돌봐야 했다. 거창 지부는 전라도와는 달리 산악지역이고 선교지 범위가 넓어 이자익 목사는 늦은 나이에 고생이 심했다. 병약한 몸에, 매일 잠자리와 식사 장소가 다른 경우가 많았고, 4~5시간을 걸어서 교회를 방문하는 날도 있었음을 그의 일기(日記)가 보여주고 있다.

월에 한국에 들어와 곧바로 거창 지부에 파송을 받았고, 1922년까지 순회 목사로 활동했다. 그는 임기를 마친 후 선교사로서의 꿈을 접고 다시 호주로 귀국하였다.

그의 후임자는 고도열(Arthur Thomas Cottrell, 1903~1982)[5] 선교사였는데, 1936년에 거창 지부를 맡았다가 불과 2년 만에 가족의 건강 문제로 사임하였다. 거창 지부는 이자익 목사 시대에 교회의 기틀이 잡히고 부흥하던 전성기였다. 그리고 이 모든 결과는 그의 노력과 헌신과 지도자로서의 역량 때문에 가능했다.

이자익 목사는 이 밖에도 제22~25회 경남노회 노회장(1927~1928년)을 지냈고, 부노회장도 두 차례나 역임하였다.(26~27, 30~31회기), 그리고 이 시기에 이자익 목사는 분열 직전에 있던 마산 문창교회와 진해 웅천교회의 극심한 분규를 원만히 해결하는 탁월한 지도력을 보였다.

3. 과소 평가된 이자익 목사의 거창 선교 사역

이와같이 이자익 목사의 빛나는 사역의 결과가 있음에도 불구하고 거창선교를 다룬 문헌 어디에도 이자익의 이름은 과소 평가되어 있다. 즉 거창 지부 산하 교회를 총괄하는 호주선교회 선교사 대리로서의 이자익 목사는 간과되어 있는 것이다.

이렇게 된 이유는 우선 거창선교에 대한 선교사들의 일차적 자료에 문제가 있다고 본다. 가령 양명득이 번역한 에디스 커와 조지 앤더슨이 쓴 『호주장로교 한국선교역사 1889~1941』에 보면 거창지역 선교를 다루면서 한국인 목사 이자익의 이름은 아예 거론하지도 않았

---

5. 고도열 선교사는 1933년 조선에 들어왔고, 진주에 배치되었다가 1936년 이자익 목사의 후임으로 거창 지부를 맡았다. 그러나 부인의 건강 문제와 딸의 출산이 겹쳐 안식년을 얻어 호주로 귀국하였다.

다. 대신 호주 선교사들 이름만 기록하고 있는데, 전임자 토마스(도별익)가 1922년에 사임하였고 후임자 코트렐(고도열)이 1936년부터 거창을 맡았다고 썼다. 그리고 1922~1936년 사이에는 이자익이 아닌 호주 여자 선교사 스콧(서오성)이 활동하였다고만 기록하였다.[6]

그러나 서오성은 도별익이나 고도열과 동급의 총괄 선교사가 아니다. 비록 이자익이 호주인은 아니더라도 '호주 선교사 대리'로 조선인 이자익 목사가 거창 지부를 맡았다는 것을 밝혔어야 마땅하다.

일기에 보면 이자익 목사가 거창의 모든 교회를 총괄하는 선교사 자격의 위치에 있고, 서오성은 그를 돕는 자리에 있다. 일기에는 서오성 선교사 관련 기록이 많이 나오지만, 그녀는 거창에서 여학교와 유치원 교장을 하며 교육 사업에 주력했을 뿐 거창 지부 전체를 책임지고 목회한 사람이 아니다. 결과적으로 호주 선교사의 호주인 위주의 선교 기록이 이자익 목사의 업적을 서오성 선교사로 대치해 버렸고, 이를 참고한 한국인의 문헌에도 이자익 목사의 사역은 가려지게 되었다.

한편 한국인이 쓴 문헌에서는 이자익 목사가 다른 조선인 목사나 조사(助師)들과 동급으로 취급당하면서 그 역할과 업적이 묻혀버린 느낌이다. 여기서 다시 한번, 이자익 목사는 거창 지부에 '호주 선교사 대리' 자격으로 와서 사역했다는 사실을 확실히 할 필요가 있다. 즉 이자익 목사의 위치는 다른 조선인 목사나 조사들과 차별성이 있고, 호주 선교사 대신이지만 조선인이라는 특수성이 있는 것이다. 만약에 보통의 목사를 원했다면 굳이 당시 전라도 김제에 있던 이자익 목사를 거창까지 초청할 이유는 없었다. 그러나 호주선교회는 거창

---

6. 양명득(편역), 『호주장로교 한국선교역사 1889~1941』, 에디스 커, 조지 앤더슨 지음, 서울, 동연, 2017, 192~194쪽 참조.

지부를 총괄할 능력과 인품과 유명세를 두루 갖춘 인물을 필요로 했고, 이자익 목사는 이를 감당할 적임자였기에 거장 지부의 책임자로 오게 된 것이다.

이자익 목사는 거창, 함양, 합천의 넓은 지역에 산재한 30개 이상의 교회들을 혼자서 목회할 수 없었기에 장로, 집사 중에서 협력할 조사(助師)나 영수(領袖)들을 세워 각 교회를 담임하게 하였다. 일기에는 이자익 목사가 이들과 함께 교우를 심방하고 함께 식사하고 잠을 자고 월급을 주는 모습이 담겨 있다. 조사(助師)는 대부분 장로였고 여러 교회를 동시에 맡아 사역하였기에 소속 교회 이름을 정할 수는 없지만, 일기의 내용을 중심으로 이자익 목사를 도운 조사와 영수, 장로들의 이름을 소개하면 다음과 같다.(각주는 일기의 내용이다. 가독성을 위하여 각 일기 내용마다 번호를 붙였다.)

① 강만달 영수(장로)/ 합천읍교회[7]
② 고운서 조사/ 위천교회[8]
③ 김동선 조사/ 위천교회[9]

---

7. ① "강 영수(領袖) [댁]에서 잠."(1월 18일); ② "오전 8시에 강만달(姜晚達) 씨 가족과 같이 예배를 보고"(1월 19일); ③ 합천읍교회 장로 투표 "디모데전서 3장 1~6절을 낭독하고 장로를 투표하니 23표 중, 강만달(姜晚達) 씨가 19표를 얻어 피선이 되고, 계속하여 영수(領袖)를 택하니 강만달 씨 피선이 되고"(1월 20일); ④ "강 영수(姜領袖) 댁에서 짐을 자다." (4월 2일); ⑤ "강만달(姜萬達) 씨 댁에서 아침[조반]을 먹고 심방을 하다가[...] 강 영수(姜領袖) 댁에 서 저녁을 먹고 9시에 잠을 자다."(4월 5일); ⑥ "강 영수(姜領袖) 댁 체류[留]"(10월 29일).
8. ① "고운서(高雲瑞) 씨가 오셔서 위천교회 사경 일자를 작정하고"(1월 7일); ② "고운서(高雲瑞), 김동광(金東光)이 찾아오다.[來訪]"; ③ "고운서(高雲瑞) 씨 2원 들어오고[入]."
9. ① "김동선(金東先) 씨를 만나 위천 사경회 하는 일을 말하고 같이 점심을 먹고 집에 와서 담화를 하고, 오후 3시에 김동선 씨는 위천(渭川)으로 가고"(1월 14일); ② "위천 교회 가서 [...] 오전 6시 반에 김동선(金東先) 조사와 같이 금정의원(金井醫院)

④ 김병찬 영수/ 함양읍교회[10]

⑤ 김성호 장로/ 합천읍교회[11]

⑥ 박종원 조사[12]

⑦ 배익조 조사/ 합천읍교회[13]

에 가서 김동선(金東先) 씨 수술을 하고."(2월 20일)

10. ① "함양읍(咸陽邑)에 와서[...] 설교[강도]하고 사경회 광고를 하고 사무실 방에서 전재섭, 황보기, 김병찬(金柄贊) 등 여러 사람과[諸氏] 같이 모여서 담화를 하고 김병찬 씨 신학(神學) 문답할 것을 권면하다.(1월 10일) ② 함양에서 "아침 7시에 일어나서 기도하고 김병찬(金柄贊) 씨를 방문하고"(4월 10일)

11. ① "합천에 동(소) 6시에 도착하여 김상규, 김성호 장로를 심방하고 배익조 조사 댁에 와서 저녁을 먹고 잠을 자다."(3월 2일); ② "김 장로 댁에 가서 아침을 먹고."(3월 3일); ③ "김 장[로] 댁에 와서 저녁을 먹고 예배당에 가서 예배를 인도하고 김 장로 댁에 와서 휴식하다가 10시 반에 잠을 자다."(3월 4일); ④ "김 장로 댁에서 아침을 먹고 9시 반에 도동(道洞)을 가서 12시에 예배를 보고 오후 1시에 예배를 마치고 사경회 할 것을 결정[작정]하고"(4월 4일); ⑤ "김 장로 댁에서 잠을 자다."(4월 7일)

12. ① "박종원(朴鍾原) 조사에게 [보낼] 서신을 준비하다."(2월 4일) ② "[수신] 왕길(王吉) 목사, 정팔현(鄭八鉉), 박종원(朴鍾原), 김선정(金宣正)"(2월 5일); ③ "김선행(金善行), 박종원(朴鍾原), 윤산온(尹山溫) 전보(電報)"(2월 9일)

13. ① "배 조사(裵助事)와 한마아(韓瑪亞)와 같이 교우를 심방하고"(1월 19일); ② "송남창(宋南昌), 배익조(裵益祚), 황보기(皇甫棋)의 서신(書信)이 오다."(1월 17일); ③ "[수신] 희순(希順), 김성선(金成先), 배익조(裵益祚) 봉급(俸給)"(1월 28일); ④ "배익조(裵益祚) 조사(助師)와 김동선(金東先) 조사와 황보(皇甫) 조사의 월[급]을 받고"(1월 29일); ⑤ "[발신] 배익조(裵益祚)"(2월 1일); ⑥ "[수신] 배익조(裵益祚), 정팔현(鄭八鉉)"(2월 4일); ⑦ "[발신] 정팔현(鄭八鉉) 윤산온(尹山溫) 배익조(裵益祚)"(2월 8일); ⑧ "합천에 동(소) 6시에 도착하여 김상규, 김성호 장로를 심방하고 배익조 조사 댁에 와서 저녁을 먹고 잠을 자다."(3월 2일); "아침을 배 조사 댁에서 먹고 교우를 심방하고"(3월 4일); ⑨ "배 조사(裵助師)에게 10원을 빌려서[貸用하여] 희순에게 부치고"(3월 5일); ⑩ "[발신] 함태영(咸台永). 배익조(裵益祚)"(3월 15일); ⑪ 합천에서 "심방을 하다가 점심을 배익조(裵益祚) 씨 [댁]에서 먹고"(4월 5일); ⑫ "오전에 교회를 심방하고 오후에 배익조(裵益祚) 조사(助師) 댁에서 문답을 하다."(4월 6일)

⑧ 오형선 조사(장로)/ 거창읍교회[14]

⑨ 윤한선 조사/ 거창읍교회[15]

⑩ 장문춘 조사[16]

⑪ 조재룡 장로/ 거창읍교회[17]

⑫ 주남고 장로(주 장로)/ 거창읍교회[18]

⑬ 황보기 조사/ 함양읍교회[19]

---

14. ① 오형선(吳亨善) 씨 40원 대출.(1월 7일); ② "9시 반에 조반을 먹고 오형선(吳亨善) 장로 이사(移舍)하는데 작별을 하고"(1월 15일); ③ "구례인(具禮仁), 김만일(金萬[一]) 오형선(吳亨善) 저녁"(3월 11일); ④ "오형선 41원 50전."(금전출납부 수입); ⑤ 오형선 29원(금전출납부 지출)

15. ① "6시 반에 윤한선 조사(助師)가 오셔서 같이 저녁을 먹고"(2월 4일); ② "오전 6시 반에 일어나서 기도하고 소제를 하고 아침을 먹고 서[오]성 방에 가서 윤한선 씨와 등사하는 것에 관하여 말을 하고"(2월 9일)

16. "[발신] 장문춘(張文春) 조사(助師)"(3월 5일)

17. ① "조재룡(曺在龍) 장로를 방문하고 저녁밥을 먹고"(1월 15일); ② "조재룡(趙在龍) 장로에게 공과 대(代) 4원 80전을 받고"(1월 18일)

18. ① "소야로 행(行)하여 주(朱) 장로와 짐꾼과 같이 소야에 5시 20분에 도착하여"(1월 22일); ② 주남고(朱南皐) 장로 저축 기금[계금] 2원 들어오고[入].(1월 28일); ③ "오전 7시에 일어나서 아침을 먹고 주(朱) 장로를 심방하고"(1월 30일); ④ "숭늉밥을 조금 먹고 아침 후에 주(朱) 장로가 내방(來訪)하다"(2월 1일); ⑤ "주 장로 댁에 1책을 두다."(2월 2일)

19. ① "함양읍(咸陽邑)에 와서[...] 예배당 사무실에 가서 점심을 먹고 황보 조사(皇甫助事)와 같이 교인을 심방하고 저녁밥을 먹고[...] 설교[강도]하고 사경회 광고를 하고 사무실 방에서 전재섭, 황보기, 김병찬(金柄贊) 등 여러 사람과(諸氏) 같이 모여서 담화를 하고 [...] 사무실 방에서 황보(皇甫) 조사(助師)와 같이 잠을 자다."(1월 10일); ② "황보기(皇甫棋)의 서신(書信)이 오다."(1월 17일); ③ "배익조(裵益祚) 조사(助師)와 김동선(金東先) 조사와 황보(皇甫) 조사의 월[급]을 받고"(1월 29일); ④ "황보 조사에게 12원을 김귀순(金貴順)에게 전하고"(2월 1일); ⑤ "황보기(皇甫琪) 씨에게와 정인과(鄭仁果) 씨에게 편지를 부치다."(4월 2일); ⑥ "황보 조사 댁에서 저녁을 먹고 고린도후서[후고] 13장 11절을 해석 설교[강도]하고"(4월 9일); ⑦ "아침을 사무실에서 먹고 황보 조사와 같이 심방을 하고"(4월 10일); ⑧ "기도회를 하고 9시 반에 개평(介坪)으로 황보(皇甫) 조사와 같이 행(行)하여 오다."(4월 11일)

거창 지부의 교회 역사를 기록한 주남선(주남고)[20] 을 시작으로 하여 이상규[21]를 거쳐 박태안[22]에 이르기까지 모든 글과 책에는, 그리고 거창군, 함양군, 합천군의 개교회를 소개하는 인터넷 자료에는 대부분 위에 나열한 조사들의 이름과 업적이 소개되어 있고, 정작 이자익 목사의 이름은 이들과 동급으로 취급당하여 몇 군데 언급되거나 아예 빠져 있다.

예를 들어, 박태안의 논문 중 거창군 위천교회(위천면)의 역사를 설명하는 부분에 보면, 이자익 목사의 순회 목회 시절인 1925~1936년 사이의 교회 목회자로 유응춘(1923), 이만균, 곽남순(1928), 김귀남(1932), 서금윤, 김동준(1934)이 차례로 예배를 인도하고 교회를 돌보았다고 쓰여 있다. 게다가 "1932년 김귀남이 전도사로 부임한 이후부터 교회의 중흥기를 맞았다."라고 하였다.[23] 그리고 "위천교회에서 사역한 전도사는 황보기, 고운서, 김동준, 서성환, 백영희"[24]라고 하였는데, 이자익 목사의 이름은 전혀 보이지 않는다.

그러나 일기에는 분명히 이자익 목사가 당시 위천교회의 당회장으로 목회를 총괄한 기록이 있다. 가령 1월 14일 자 일기에 당시 위천교회 조사(助師) "김동선(金東先) 씨를 만나 위천 사경회 하는 일을

---

20. 주남선은 "교회지략"이라는 글을 통하여 거장 지역 교회의 설립과 성장 과정의 소중한 기록을 남겼다. (주남선, "교회지략", 「설립70주년기념 교회사」, 거창교회사 70주년기념 편찬위원회.)
21. 이상규는 고신대학교 명예교수로 경남지역 교회사 연구의 권위자이다. (이상규, 『부산경남지방 기독교회의 선구자들』, 부산, 고신대학교출판부, 2012.)
22. 박태안은 최근에 거창지역 선교에 관한 박사학위 논문을 썼는데, 거창지역 선교에 관한 가장 최신의 연구물이다. (박태안, 「거창지역 기독교 전래와 성장에 관한 연구」(1904년부터 1960년대까지), 건신대학원대학교 박사학위 논문, 대전, 2020년.)
23. 박태안, 같은 논문, 77쪽.
24. 박태안, 같은 논문, 78쪽.

말하고 같이 점심을 먹고 집에 와서 담화를 하고, 오후 3시에 김동선 씨는 위천(渭川)으로 가고"라고 되어 있다. 이는 이자익 목사가 위천교회 사경회 인도하는 일에 대하여 그를 도와 위천교회를 담임하던 김동선 조사를 불러 의논하였다는 것이다.

또한 2월 20일 자에는 "위천(渭川)교회 가서 송학준(宋鶴俊), 조상준(曺相晙) 학습 세우고, 요한복음(約) 3장 16절, 믿는 이치(理致)가 유호(有乎)"라는 기록이 있는데, 이는 이자익 목사가 위천교회 당회장으로 두 사람을 학습 교인으로 세우고, 수요일이므로 설교도 했다는 뜻이다.

그리고 같은 날 "오전 6시 반에 김동선(金東先) 조사와 같이 금정의원(金井醫院)에 가서 김동선(金東先) 씨 수술을 하고"라는 기록으로 보아 이자익 목사는 거창 지부 교회 총괄 책임자로서 그의 조사 김동선의 수술까지 신경을 써서 돌보아 주는 모습을 볼 수 있다.

또 다른 예를 들면, 소야교회[25]에 관한 기록이다. 박태안의 논문에는 다른 자료를 인용한 '소야교회 역대 행정 당회장과 교역자'라는 도표가 제시되어 있는데, 이자익 목사가 거창 지부를 총괄하던 1925~1936년 사이의 '행정 당회장'을 김만길(1926), 이홍식(1929), 주남선(1930)이라 하였고, '역대 교역자'는 조해권 영수(1919~50)라고 기록하였다. 당시 당회장이었던 이자익 목사의 이름은 없고, 일기가 쓰인 1929년 소야교회 당회장은 이홍식 목사로 되어 있다.[26]

---

25. 거창군 신원면 와룡리(臥龍里) 소야교회. 1909년 박응용 대감에 의해 설립되었고, 본래 감리교에 속했다가 구세군 선교사의 지도를 받았고, 1919년부터는 장로교회에 속하여 거창읍교회 당회의 지도를 받았다.
26. 박태안, 같은 논문, 87쪽. 이 논문에서는 와룡교회에서 소야교회로 명칭 변경한 해를 1965년부터라고 하였지만, 이자익 목사의 일기(1929년)에 벌써 소야교회라는 이름이 나온다.

그러나 일기에서 이자익 목사는 1929년 1월 22~27일까지 소야교회 사경회를 인도하였는데, 사경회 중 26일에 제직회를 열어 교회 재정에 관한 안건을 처리하였다는 기록이 있다: "조희권 씨 댁에서 제직회를 하다. 교회 재산이 50원이 있는데 예배당 건축비로 보용(補用)하기로 하다." 이는 소야교회 당회장이 이자익 목사임을 증명한다.

부흥회 기간 내내 이자익 목사는 여러 교인 집에서 식사하고 잠을 잤는데, 도표에 기록된 당회장 이홍식 목사의 이름은 단 한 번도 언급되지 않았다. 즉 이홍식 목사는 사경회 기간에 그 교회에 없었다.[27]

당시 소야교회까지 무려 4시간 이상을 걸어서 이자익 목사와 동행한 사람은 주남고[28] 장로였다. 박태인 논문의 도표에는 1930년부터 소야교회 당회장을 주남선 목사로 기록하고 있지만, (주남고가 주남선으로 개명한 것은 1940년 이후의 일이다.) 만약 주남고 장로가 1930년 목사 안수를 받고 소야교회를 맡았다 하더라도, 당회장 이자익 목사의 지도 아래 담임 교역자의 신분이었을 것으로 봐야 한다. 당시 이자익 목사는 호주 선교부의 요청으로 선교사를 대리하여 거창 자부 교회를 총괄하는 당회장의 위치에 있었기 때문이다.

이 밖에도 일기에는 이자익 목사가 사근교회 예배당 건축을 위한 모금을 주도하고, 웅양교회 교인 결혼 주례를 하고, 초계교회에

---

27. 이홍식 목사에 관하여서는 4월 10일 자 일기에 이자익 목사가 이홍식(李弘植)에게 편지를 보냈다는 기록이 있다.
28. 주남고는 주남선(朱南善)의 개명 전 이름이다. 그는 1888년 거창 출신이며 이자익 목사보다 9년 연하로 충실한 동역자였다. 친구 오형선과 함께 시장에서 전도하던 선교사를 통해 신자가 되었고, 1912년 맹호은 선교사에게 세례를 받았다. 장로, 전도사를 거쳐 1930년 평양신학교를 졸업하고 목사 안수를 받았고, 1931년 거창읍교회 목사가 되었다. 그는 신사참배 반대로 체포되어 5년간 옥살이를 하며, 옥중에서 주남선으로 개명하였다. 한상동 목사와 함께 고려신학교를 설립하였다.

서 성찬식을 집례하고, 합천읍교회 주일 설교 후 장로 선거를 주관하고, 성기교회 교인에게 세례를 베풀고, 개평교회와 함양교회에서 학습 및 세례 문답을 주관하고, 조사들의 월급을 선교부에서 타서 분배하고, 왕길지[29] 선교사를 비롯한 호주선교회 다른 지역 책임자들과 빈번하게 서신 교환을 하고, 성경과 찬송가를 배포하고, 안의교회에서 제직회를 주관하고, 당회를 열어 제직을 임명하는 등 거창지부에 속한 모든 교회를 총괄하는 당회장으로서의 사역이 생생하게 기록되어 있다.

4. 이자익 목사의 거창 선교 사역 바로 세우기

박태안을 비롯한 모든 문헌에서 지금까지 이자익 목사의 거창 사역은 과소 평가되어 있다. 이는 일차 자료의 문제이기에 박태안을 위시한 다른 연구자들을 탓할 일은 아니다. 그러나 이제부터는 이자익 목사의 거창 사역에 대하여 가장 신뢰할 만한 자료는 이 일기이다. 일기를 중심으로 모든 관련 자료를 재해석하고 오류를 바로잡아야 한다. 그리고 이자익 목사의 업적과 사역의 가치를 인정하고 바른 평가를 해야 한다.

1936년 이자익 목사가 거창 선교부를 떠날 때, 그의 11년 동안의

---

[29]. 왕길지(王吉志) 선교사의 본명은 겔손 엥겔(Gelson Engel, 1868~1954)이고 독일 출생이다. 그는 인도에서 선교사로 일하던 중 호주 감리교 목사의 딸 클라라 바스(Clara Bath)와 결혼하였고, 호주로 이민을 왔다가 후에 호주 장로교 선교회 파송으로 조선에 선교사로 오게 되었다. 그는 부산, 울산, 기장 지역을 순회하며 전도하였고, 평양신학교 교수로 가르치기도 하였다. 언더우드 목사에 이어 장로교단 2대 총회장으로 선출되었다.

업적을 당시 거창 시찰장 주남고 목사는 다음과 같이 노회에 보고하였다.

> 이자익 목사는 1925년 7월부터 본 지방 선교사 대리로 시무하는 중 교회 신설이 10여 처요, 예배당 건축도 10여 처요, 많은 교인이 전진하여 오는 중 선교사가 오매 10월에 이사를 하게 됨으로 본 지방에서는 교역자와 교회 대표자들이 모여 송별회를 개최하였나이다.[30]

주남고(주남선) 목사는 개별적인 교회 역사를 위한 기록에서는 거창지역 각 교회를 담임했던 조사(助師)나 영수(領袖)들의 공적을 열거했지만, 노회 보고서에는 이 모든 공(功)을 이자익 목사에게 돌리고 있다. 이것이 바른 판단이다. 거창 지부의 개교회를 맡아서 돌본 조사나 영수들의 수고를 기록한 문서가 잘못된 것은 아니다. 그들의 수고로 교회는 개척되고 성장했기 때문이다. 그러나 그 모든 교회를 총괄하며 호주선교회 거창 지부를 책임졌던 이자익 목사의 공을 빠뜨려서는 안 된다. 이는 마치 바울의 동역자들인 디모데, 디도, 두기고 및 여러 평신도 사역자들이 지역의 교회들을 돌보았지만, 이를 총괄하여 순회 목회를 한 사람은 사도바울이었다는 사실과 비교할 수 있겠다.

이자익 목사와 조사의 역할 분담에 대하여 정확하게 분석한 글은 김종혁이 집필한 '함양교회 90년사'에서 찾을 수 있다. 즉 총괄 선교사 대리 이자익 목사의 지도력과 황보기 장로의 헌신적인 봉사를 함께 언급한 것이다.

---

30. 조선예수교장로회, 「경남노회 회의록 III, 1935~1937」, 한인수, 『호남교회 형성 인물』, 같은 책, 113쪽에서 재인용.

지금까지는 순회사역을 받았지만 이제는 단독으로 담임 목회자(조사)를 모셨을 뿐 아니라 장로를 세워 당회가 조직이 되고 함양군에서는 두 번째(첫 번째 안의교회) 조직교회로서 함양군의 생명을 보살피고 책임질 수 있는 교회로 성장을 하였다는 것이다. 이 시기에 활동한 분으로서 먼저 이자익 목사의 지도력과 황보기 장로의 헌신적인 봉사가 없었으면 오늘의 교회는 볼 수 없었을 것이라 사료된다.[31]

선교사의 글 중에도 정확한 분석이 있다. 당시 거창에 있었던 맥계익(麥啓益, Jane. E. McCague)[32] 선교사는 호주 '빅토리아 여전도회 선교 월간지'에 이자익 목사의 거창 지부 초기 선교 활동(1925~1928)을 다음과 같이 평가하였는데, 순회 목사 이자익은 선교지를 총괄 감독하고, 그의 조사(助師)들은 시간과 힘을 보탰다고 역할 분담을 정확하게 분석하고 있어서 후세 역사가들이 참고할 만하다.

조사(助師)들과 전도부인들은 충성스럽게 시간과 힘을 보탰고, 순회 목회자인 이자익 목사님은 평소 열심을 다해 이 어려운 지역을 감독하고 개인적으로 섬겨주었습니다. 3년간의 충실한 씨 뿌림의 결과로 이제 수확이 시작되었다고 확신합니다.
(The Helpers and Biblewomen have given loyally of their time and strength, and the itinerating pastor, Rev. Ri Chaik, has worked with his usual zeal in giving supervision and personal service in

---

31. 『함양교회 90년사 고난과 은총의 길』, 김종혁 편저, 함양교회, 1998, 78쪽.
32. 맥계익(麥啓益) 선교사의 본명은 제인 엘라이저 메카그(Jane. E. McCague)이다. 여자 선교사로서 부산진, 통영, 거창, 진주 등에서 활동하였는데, 주로 시골 여성을 상대로 전도하였다. 그녀는 이 일기가 쓰인 1929년 거창에서 사역했다. 예원배(Albert Wright, 1880~1971) 목사와 결혼하였다.

this difficult district. In consequence of three years of faithful sowing we feel confident that the reaping has now begun.)[33]

만약 당시 이자익 목사가 오지 않았다면, 호주선교회 거창 지부는 폐쇄될 위기 상황이었다. 호주 '빅토리아 여전도회 선교 월간지' 자료에 의하면, 1923년 호주선교사 공의회는 거창선교부를 존속할지 폐쇄할지에 대해 심각한 토론이 있었다. 이 보고서에서 양요안(Catherine Laing)[34] 선교사는 남자가 없이 여 선교사만 있는 거창 지부가 곧 폐쇄될 것 같다고 선교부에 보고 하고 있다. 그리고 6명의 남자 선교사를 보내야 선교부 현장을 유지할 수 있다고 호소하였다.

더 이상 한국을 위해 봉사하는 남자 사역자들이 없는 이유를 이해하기 어렵습니다. 상황이 너무 나빠서 거창이 폐쇄될 가능성이 높은데, 그 이유는 단지 5개 구역을 담당할 남자들이 현장에 너무 적기 때문입니다. […] 7월 20일 진주에서 편지를 쓴 미스 라잉은 "우리 협의회는 6월 20일에 진주에서 회의를 했고, 그달의 마지막 날에 마쳤습니다. 그것은 선교 역사상 가장 길고 중요한 협의회 중 하나였습니다. 나중에 회람 편지를 써서 우리가 직면한 문제, 오랜 토론, 교육 상황에 대한 강렬한 감정, 중학교 문제, 더 많은 전도 사역자의 엄청난 필요성에 대해 말씀드리고자 합니다. 협의회는 6명의 남자 사역자를 모집하는

---

33. 「The Missionary Chronicle」, October 1. 1928. 이 글을 쓴 맥계익 선교사는 1925~1930년 사이에 거창에 있었고, 이 글은 1927년부터 1928년 6월까지의 선교지 상황을 보고한 것이다.
34. 양요안(Catherine Laing)은 당시 진주 지부에 파송된 호주 여 선교사이다. 호주 선교부는 양요안의 월급도 주지 못할 정도로 열악한 재정난에 시달렸기에 남자 선교사를 보낼 수 없었다.

호소문을 고국에 보냈습니다. 이 지방의 사역은 현재 직원들의 힘을 훨씬 넘어섰습니다. 우리는 도저히 감당할 수 없습니다.

(It seems hard to understand why no more men are offering for Korea. The situation is such that it seems likely that Kuchang will be closed, simply because there are too few men on the field to man five stations. [...] Miss Laing writing from Chinju on 20th July, says, "Our council met in Chinju on the 20th June, and finished on the last day of the month. It was one of the longest and most important councils in the history of the. Mission. Later, I hope to write a cireular letter, telling you of the problems that confront us, the long discussions that took place, the intense feeling with regard to the educational situation and the question of Middle Schools and the tremendous need of more evangelistic workers. The Council sent home an appeal for six men. The work in this province has far outgrown the strength of the present staff; we cannot possibly cope with it.)[35]

이자익 목사는 호주 선교사를 대신하여 폐쇄 직전의 거창 지부를 회복시켰다. 일기에서 이자익 목사는 자신의 건강을 돌보지 않았고, 가정이나 처자식보다 교회가 우선이라는 생각으로 쉴 새 없이 목회하였다. 그는 교인을 심방하면서 거의 매일 아침과 점심과 저녁을 먹는 장소가 달랐고, 잠자리가 바뀌었다. 그의 열정은 호주 선교사들이 감히 따라올 수 없는 초인적인 것이었다. 그는 거창 지부를 맡았

---

35. 「The Missionary Chronicle」, September 1, 1923. 12쪽.

던 다른 호주 선교사들보다 두 세배 더 일하였고, 맡겨진 달란트의 갑절을 남긴 최고의 사역자였다.

　이자익 목사의 거창 지부 선교 역사는 결코 지금처럼 과소평가되어서는 안 된다. 그의 수고와 열정에 대한 바른 평가가 있어야 하며, 그가 남긴 선교 열매와 업적에 합당한 역사적 보상이 이루어져야 한다.

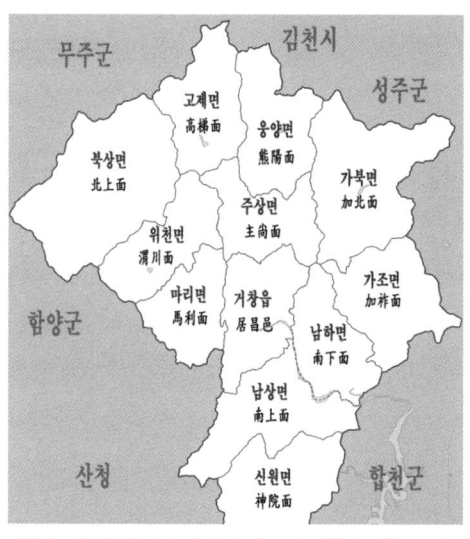

그림2. 이자익 목사가 순회 목사로 사역했던 거창군 지역 (거창군 홈페이지)

그림3. 이자익 목사가 순회 목사로 사역했던 함양군 지역 (함양군 홈페이지)

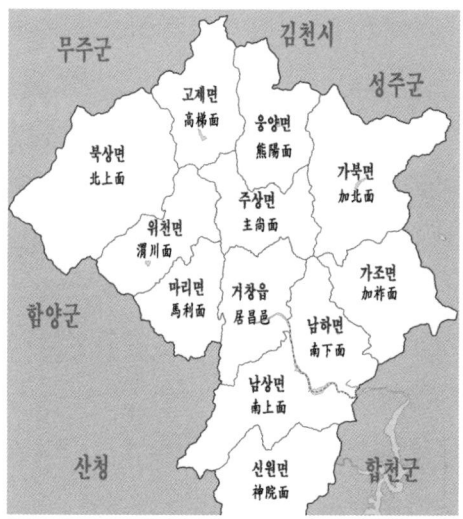

그림4. 이자익 목사가 순회 목사로 사역했던 합천군 지역 (합천군 홈페이지)

일기에 대하여

1. 일기가 기록된 연도

　이 일기는 1929년 1월 1일부터 12월 31일까지 거창 순회 목사 시절의 기록이다. 그러나 이 일기를 쓴 연도를 파악하는 데 어려움이 있었다. 왜냐하면 일기의 1월 1일 상단에 1950년이라는 연도가 적혀 있기 때문이다. 하지만 일기의 내용에 6·25 전쟁에 대한 언급이 없고, 자녀들이 모두 어린 나이였으며, 화폐단위와 가치가 일제강점기 시대의 것이고, 1946년에 작고한 라부열 선교사의 이름이 등장하고, 거창 순회 목사 시절의 사역에 관한 기록이므로 1950년에 쓴 것은 아니라고 판단하였다.

　그다음, 이 일기의 연대를 추정하는 단서로는 1월 1일이 주일이었다는 기록이다. 일기장에는 본 일기를 쓰는 난 위에 예기(豫記) 난이 따로 구분되어 있는데, 여기에 "1월 1일이 주일인데 예배당에 갔다"고 쓰여 있다. 나중에 깨달은 것은 1월 1일이 '주일'이라는 일기장 예기(豫記) 난의 기록만 1950년에 썼고, 나머지 본 일기는 그 이전에 쓴 것이라는 사실이다.

　이 일기가 1929년에 작성된 것임을 알 수 있는 결정적 단서는 최의덕 선교사 소천 소식과 이자익 목사의 생일 축하 날짜, 그리고 주일 설교에 관한 내용이다. 3월 20일 자 일기에는 이자익 목사가 자신을 전도한 최의덕(Lewis B. Tate, 1862~1929) 목사의 소천 소식을 들었다는 기록이 있다. 최의덕 선교사는 1929년 2월 미국에서 소천했으므로, 이 일기의 작성 연도가 1929년임을 알 수 있다.

이 일기에는 이자익 목사의 생일 축하와 관련된 기록이 있다. 일기 속에서 이자익 목사가 지인들로부터 생일 축하를 받은 날짜는 8월 29일이다. 이를 통해 이자익 목사의 생일로 알려진 7월 25일이 음력임을 알 수 있다. 양력 8월 29일이 음력 7월 25일에 해당하는 해는 1929년이다. 따라서 이 일기는 1929년에 작성된 것임을 확정할 수 있다.

이 일기가 1929년에 작성된 것임을 입증하는 또 다른 증거는 주일 설교 기록이다. 1929년의 주일이었던 1월(13, 20, 27일), 2월(3, 10, 17, 24일), 3월(3, 10, 17, 24, 31일), 4월(7, 14일)까지 이어지는 기록에서, 이자익 목사가 매주 주일예배 설교를 했다는 내용이 확인된다. 잡기(雜記) 형식의 기록을 제외한 나머지 일기 내용 역시 이러한 사실을 뒷받침하며, 이 일기의 작성 시점이 1929년임을 명백히 증명한다.

2. 1929년 이후의 일기장 사용 흔적

그러나 이 일기장은 1929년에만 사용한 것이 아니다. 일기장에는 여러 해에 걸쳐 추가로 기록된 흔적이 있다. 앞서 언급한 대로, 1월 1일 첫 장 상단에는 "1950년"이라는 연도가 적혀 있다. 그리고 1월 3일 일기에는 "16년"이라는 글씨가 크게 쓰여 있는데, 이는 일제강점기의 연호(年號) 소화(昭和) 16년(1941년)을 의미한다.

2월 13일 자에는 "소화(昭和) 15년 12월 지(至) 동(소) 16년"이라는 기록이 있는데, "소화 15년 12월부터 16년까지"라는 뜻이다. 1929년에 쓴 일기에 추가하여 1940~1941년에 이 부분을 쓴 것으로 보인다. 12월 3일에도 "소화(昭和) 15년(1940년)"이라는 기록이 있다. 또한, 7월 9일 일기에는 "20년"이라는 글씨가 있는데 이는 소화(昭和) 20년(1945년)을 의미한다.

또 하나는 12월 25일의 내용이다. 성탄절과는 무관한 잡기(雜記) 수준의 기록으로, 성탄절 당일 작성된 일기가 아님을 알 수 있다. 특히 12월 25일 난에는 1954년 대전에서 작성된 내용으로 보이는 단서가 있다. 이 페이지에 1954년이라는 숫자가 세 차례나 기록되어 있으며, 대전에서 목회하던 백낙봉[36] 목사의 이름이 등장한다. 또한, 당시 화폐단위였던 "환(圜)"과 그 이전의 "원(圓)"이 혼용되어 있는 점도 주목할 만하다. 이러한 정황으로 볼 때, 이 일기장은 1954년까지도 잡기장으로 활용된 것이 분명하다.

3. 일기장의 내용 분석

이 일기는 일본어로 제작된 일기장에 쓴 것이다. 이 노트는 표지의 그림으로 보아 일기장 전용으로 만든 것은 아닌 듯한데, 동경에서 소화(昭和) 4년, 즉 1929년용으로 출판된 것이다. 1월 1일 난에는 "화요일(火曜), 음력 무진년(戊辰年, 1928) 11월 21일" 등의 단서가 기록되

---

36. 백낙봉(白洛鳳) 목사는 대전 인동교회 담임, 대전노회장, 대전신학교 교장을 역임하였다.

어 있어 1929년도 일기장임을 증명한다.[37]

일기를 쓰는 난(欄) 위에는 기온(氣溫), 난한(暖寒), 예기(豫記), 발신(發信), 수신(受信) 등의 작은 난들이 구분되어 있다. 이 중 예기(豫記) 난만 조금 크고, 나머지는 모두 작은 칸으로 나뉘어 있다. 기온(氣溫) 난에는 아무런 메모가 없고, 난한(暖寒) 난에는 1월 1일과 2일에 극심한 한파를 의미하는 '극한'이라는 기록이 있지만, 그 이후에는 별다른 메모가 없다. 예기(豫記), 발신(發信), 수신(受信) 난에는 때때로 그날의 메모가 적혀 있다.

이 일기는 일 년 치가 온전히 보존되어 있지 않다. 1월 1일부터 4월 11일까지는 하루하루의 일과(日課)에 대한 기록이 자세히 적혀 있다. 그러나 4월 12일 이후부터는 무엇을 계산한 것인지 알 수 없는 사람 이름과 숫자의 나열만 계속되고, 특별한 일과에 대한 기록은 없다가 나중에 다시 짧은 일기가 등장한다.

더 자세히 분석하면, 일기 중 89일은 해당 면이 아예 없는 분실(紛失) 상태이다. 98일은 금전 거래 관련 내용을 기록한 잡기록(雜記錄)이고, 일기의 면이 아무 기록 없이 공란(空欄)으로 남겨진 경우도 10일 있다. 이를 종합하면, 총 197일은 정상적인 일기가 아니며, 나머지 168일만 일상(日常)을 기록한 일기이다. 이 일기를 분실된 부분, 잡기 부분, 그리고 공란으로 비어 있는 부분으로 구분하여 정리하면 다음과 같다.

일기 분실(紛失) 부분 (89일)
2월 26~28일 / 3월 27일~3월 28일 / 7월 11일~8월 6일 / 8월 9일~8

---

37. 1929년 1월 1일이 음력으로는 1928년 11월 21일이다.

월 18일 / 8월 27일~28일 / 8월 31일 / 9월 7~14일 / 10월 12~13일 / 11월 8~9일 / 11월 13~22일 / 12월 7~24일 / 12월 27~30일

잡기록(雜記錄) 부분 (98일)

1월 3일 / 4월 12일~7월 10일 / 8월 7일 / 12월 3~6일 / 12월 25일 / 12월 31일

공란(空欄)으로 비어 있는 부분 (10일)

8월 8일 / 8월 19일 / 8월 24일 / 8월 30일 / 9월 2일 / 9월 30일 / 10월 1일 / 11월 10일(예기만 있음) / 11월 12일(예기만 있음) / 12월 26일

이 일기의 12월 31일 이후 일기장 뒷부분에는 연도를 알 수 없으나 금전출납부와 호적표 난이 있다. 일기는 아니지만 귀중한 내용이기에 옮겨 놓았다.

4. 일기를 통해 본 이자익 목사의 한문 능력

일기에서 나타난 이자익 목사의 한문 실력은 수준급이지만 고급은 아니라는 것이 전문가의 의견이다. 즉, 단어 사용이나 문체를 볼 때 이자익 목사의 일기는 정규 교육을 받은 것보다는 피나는 노력으로 열심히 배운 흔적이 드러난다는 것이다.

이 일기는 이자익 목사가 손으로 쓴 것인데, 한자와 한글, 그리고 부분적으로 일본어가 뒤섞여 있다. 그 필체가 난해하여 해독에 어려

움이 있었고, 마지막까지 해독이 안 된 단어가 몇 개 있다. 또한 이자익 목사만의 독특한 한문 사용법이 여러 군데 나타나는데, 한자나 한글 단어 사용이 지금의 용법과 다른 것들이 많아 이를 찾아내고 바로잡는 일에도 상당한 노력이 들었다.

이자익 목사의 일기 내용에는 오식(誤植)으로 보이는 단어가 여러 곳에서 발견된다. 가령 일본식 신발을 의미하는 '다비'를 '다베'로 적고, 지불하지 않았음을 의미하는 한자 미불(未拂)은 未佛(미불)로, 개수를 의미하는 개(個)를 介(개)로 적었는데, 이런 잘못된 한자 사용이나 당시의 관용적 오류를 일일이 밝혀내고 각주를 달았다.

5. 일기 해제(解題) 방법과 일러두기

이 일기에는 매일의 내용 끝에 "순행(巡行)"이라는 단어가 나온다. 때로는 일기 앞이나 위쪽에 쓰여있는 이 순행(巡行)은 순찰(巡察)과 동의어이다. 그런데 이 단어가 잠을 잤다는 내용 후에 있고, 자택이 아닌 다른 곳에 가서 잠을 잔 후에도 쓰여 있어서 해석에 어려움이 있다. '순행(巡行)'이 '순찰을 돌았다'는 의미는 아닌 것 같다. 일기를 계속 쓰겠다는 예시(豫示)의 뜻일 수도 있는데 명확하지 않다.

이 일기에는 성경 이름이 한글이나 한자의 약자(略字)로 기록되어 있는데, 일기에 나오는 성경 한자 약자는 다음과 같다: 레위기[利], 여호수아[約書亞], 시편[시] [詩], 마태복음[馬], 요한복음[約], 사도행전[行], 로마서[羅馬], 고린도전서[전고], 고린도후서[후고], 골로새서[골], 데살로니가전서[전살], 디모데전서[전딤], 묵시록[묵].

이 일기 해제(解題) 본은 읽는 독자들의 이해를 돕기 위하여 다음과 같은 방법으로 옮겼다.
   ① 현대인들에게 생소한 단어나 인물, 지명 등에 대한 각주를 달아 독자들의 이해를 도왔다.

   ② 현대 문법을 기준으로 어려운 용법이나 문법적 오류는 풀어 쓰거나 바로잡고 [각괄호] 안에 원문을 표시하였다.
   예) 편지가 옴[來信], 차남[次子], 공과 20권[책], 아스피린[외쓰푸린], 등기우편[書留], 아침[朝], 점심[午], 저녁[夕].

   ③ 현대 문법 기준으로 글씨가 누락된 부분을 [각괄호] 안에 보충하였다.
   예) 김상규(金祥圭) 씨 [댁]에서, 서[오]성, 성경[학원] 학생, 성경학교 [교]사, 박창[근] 씨, 김 장[로] 댁.

   ④ 일기에는 특이하게 한 단어를 한자와 한글로 섞어 쓴 것이 있는데, 이를 풀어 쓰고 [각괄호]에 원문을 그대로 실었다.
   예) 지리[디理], 저녁[夕반]

   ⑤ 일기의 관용구처럼 계속 나오는 단어는 풀어쓰고 그 당시의 용법을 존중하는 의미에서 [각괄호]에 원문을 병행하였다.
   예) 부치다[付送], 주제[문제]로 설교[강도]하고, 사경회를 인도하고[사경(査經)을 교수하고], 버스[자동차]

⑥ 요즘 말로 번역이 어려운 단어나 설교 제목은 원문의 단어를 그대로 쓰고 각주를 달았다.

 예) 태비(駄費) (각주: 말이나 탈것에 든 비용) / 임사자(任事者)의 책임(각주: 일을 맡은 자의 책임) / 송지(松枝) (각주: 소나무 가지)

⑦ 이 일기에는 썼다가 줄로 지운 부분들이 많다. 이런 것들은 원문의 분위기를 살려서 글씨를 그대로 쓰고 각주에 지웠다는 설명을 하였다.

 예) ~~오후(午後) 4시 반~~(각주: 썼다가 줄을 그어 지웠다.)

⑧ 이자익 목사의 친필은 아니지만 일기장의 인쇄된 날짜와 요일은 그대로 옮겨놓았다.

 예) 1월 1일 [화]

⑨ 이자익 목사의 자필 일기는 몇 군데를 제외하고는 띄어쓰기나 단락의 구분이 없다. 마침표나 쉼표도 없다. 여기의 단락 구분이나 마침표와 쉼표는 옮긴이가 편의상 나누고 붙인 것이다.

⑩ 이 일기에는 화폐단위 원(圓)과 환(圜)이 나오는데, 이자익 목사는 우리나라 화폐단위인 원(圓)을 일본 화폐 엔(円) 자로 표기하였다. 이는 당시의 관행이었으므로, 자필 일기의 엔(円) 표시는 모두 원(圓)으로 옮겼다.

문제가 되는 일기 부분 자필 원본

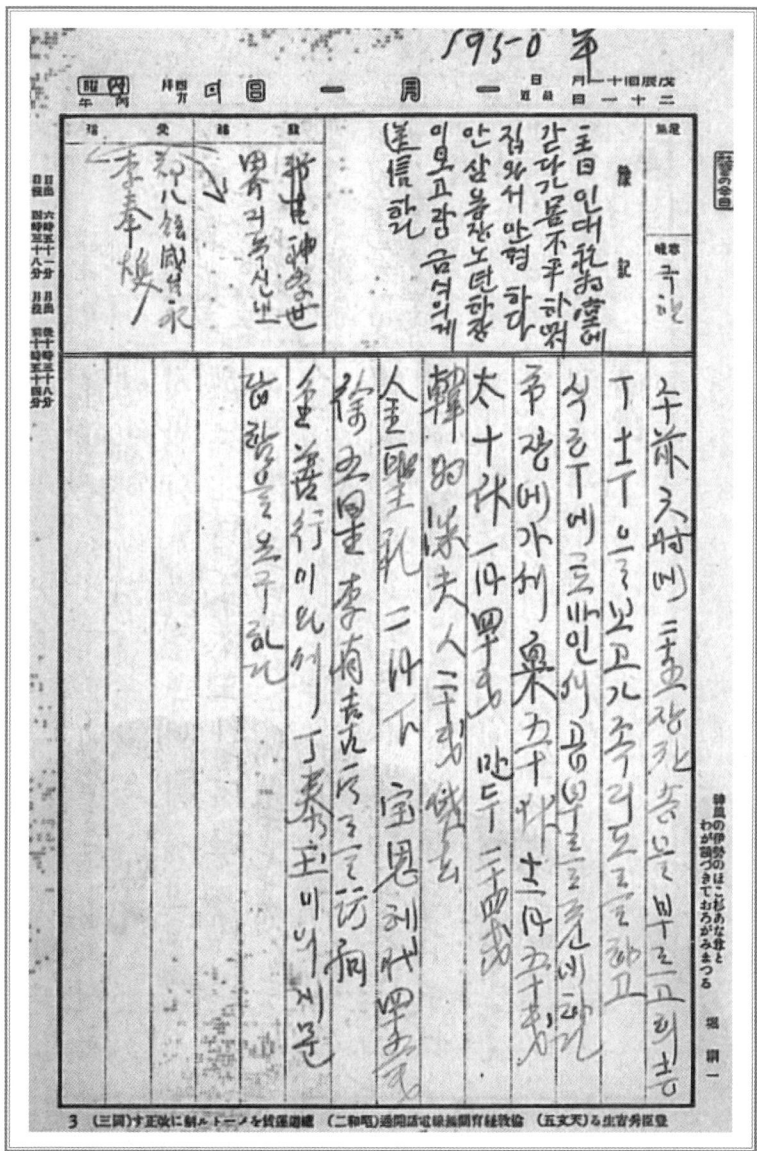

그림5. 일기 첫 장 1월 1일 위에 1950년이라고 적혀 있는데, 이는 예기(豫記) 부분을 1950년에 썼다는 의미이다. 일기 내용은 1929년에 쓴 것이다.

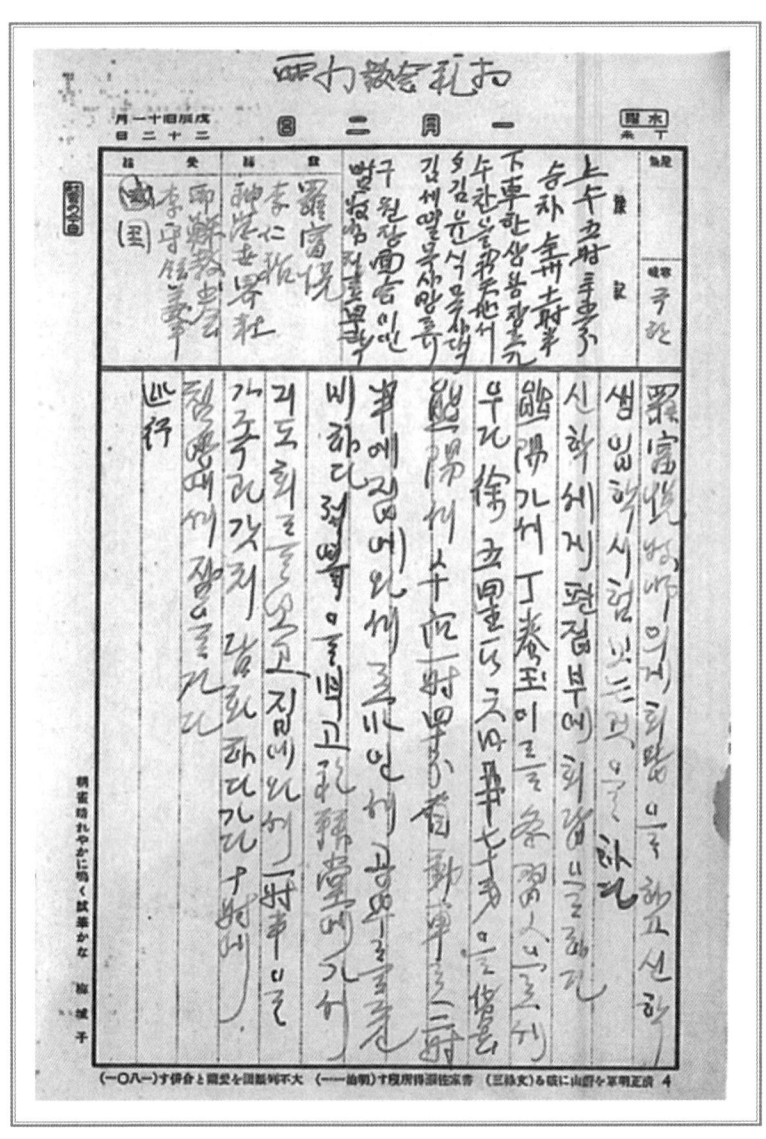

그림6. 2일의 예기(豫記) 부분도 1월 1일과 마찬가지로 1950년에 썼고, 일기 내용은 1929년에 쓴 것이다.

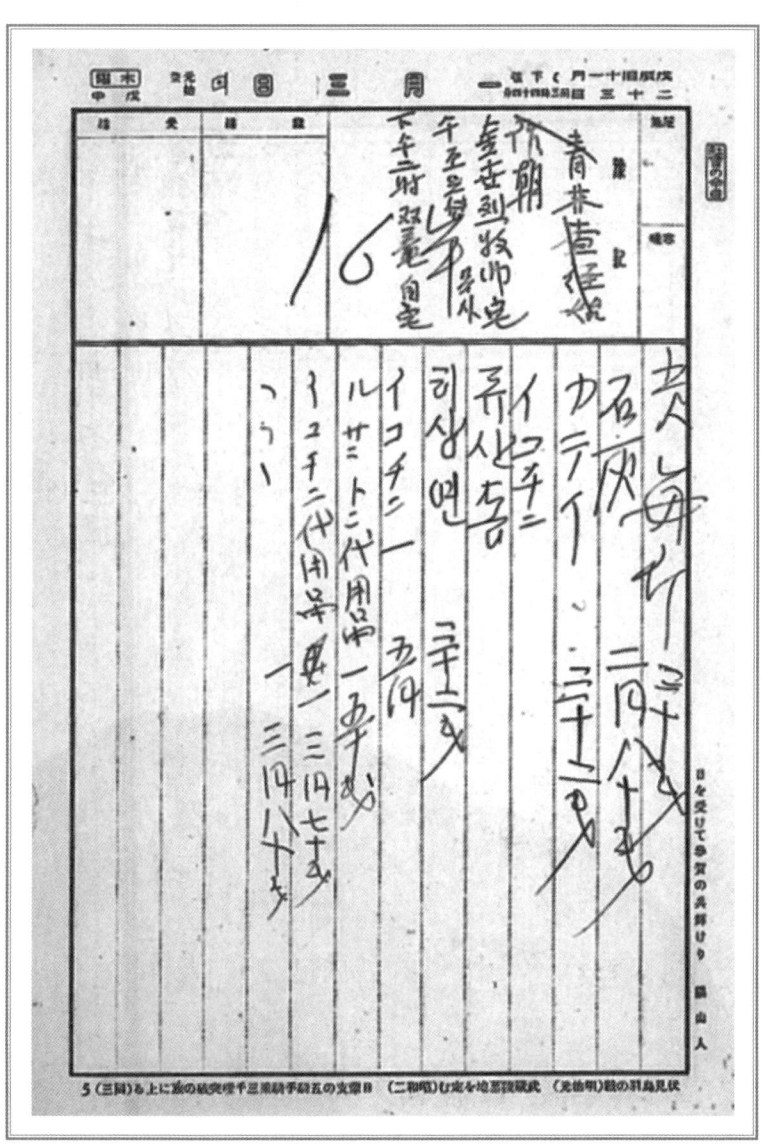

그림7. 예기(豫記) 난의 16년은 소화(昭和) 16년(1941)을 의미한다. 글씨체로 보아 잡기록 수준의 일기 부분을 1941년에 쓴 것으로 추정된다.

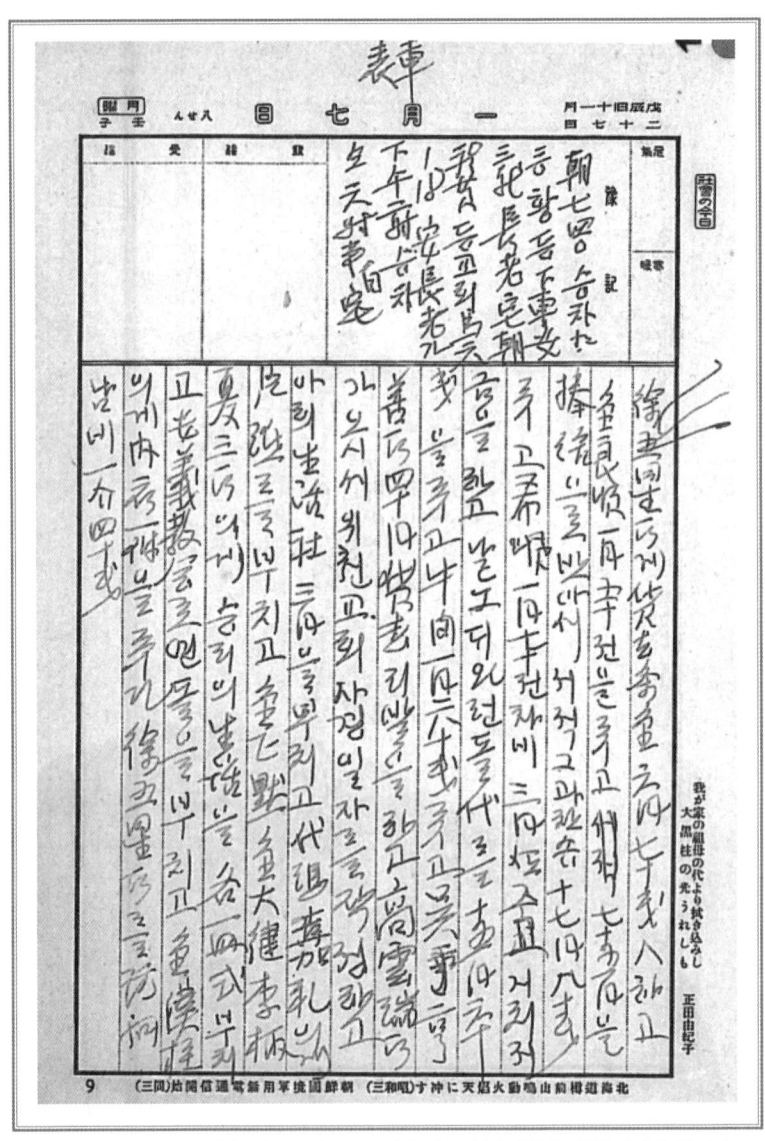

그림8. 1월 7일의 예기(豫記) 부분은 1950년에 썼고, 일기 내용은 1929년에 쓴 것이다.

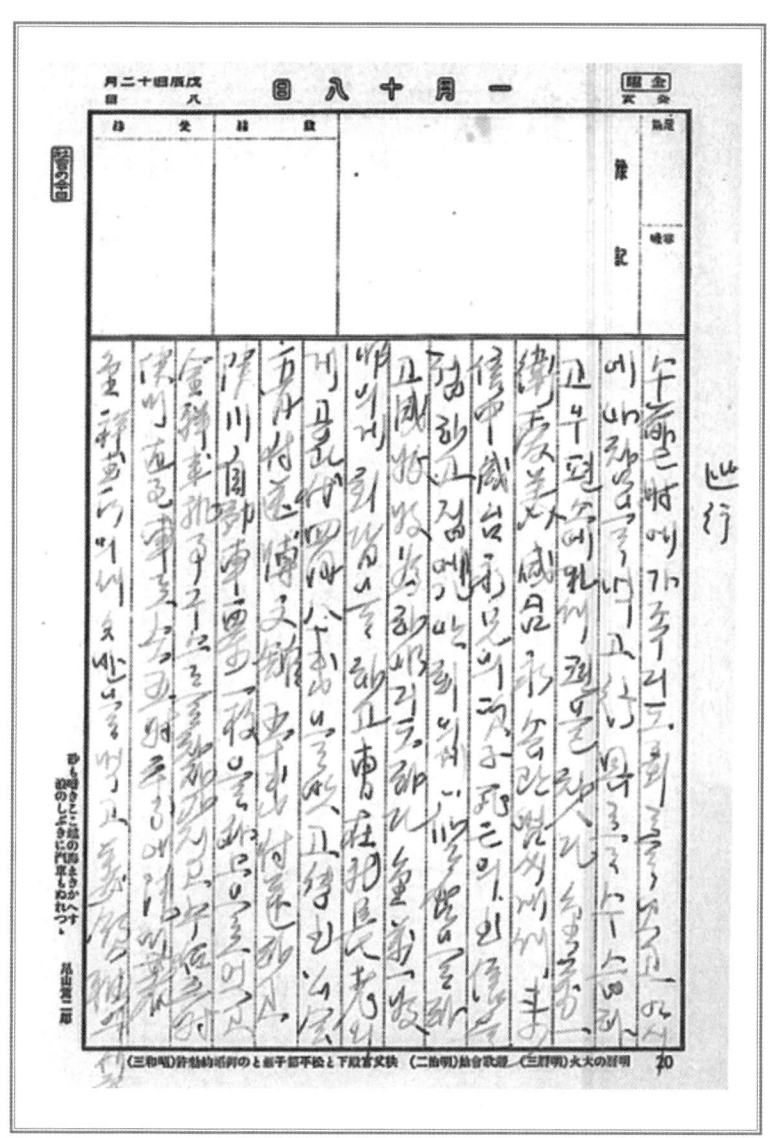

그림9. 1월 18일 일기에 함태영 목사 차남 사망 소식을 들었다는 내용이 있다

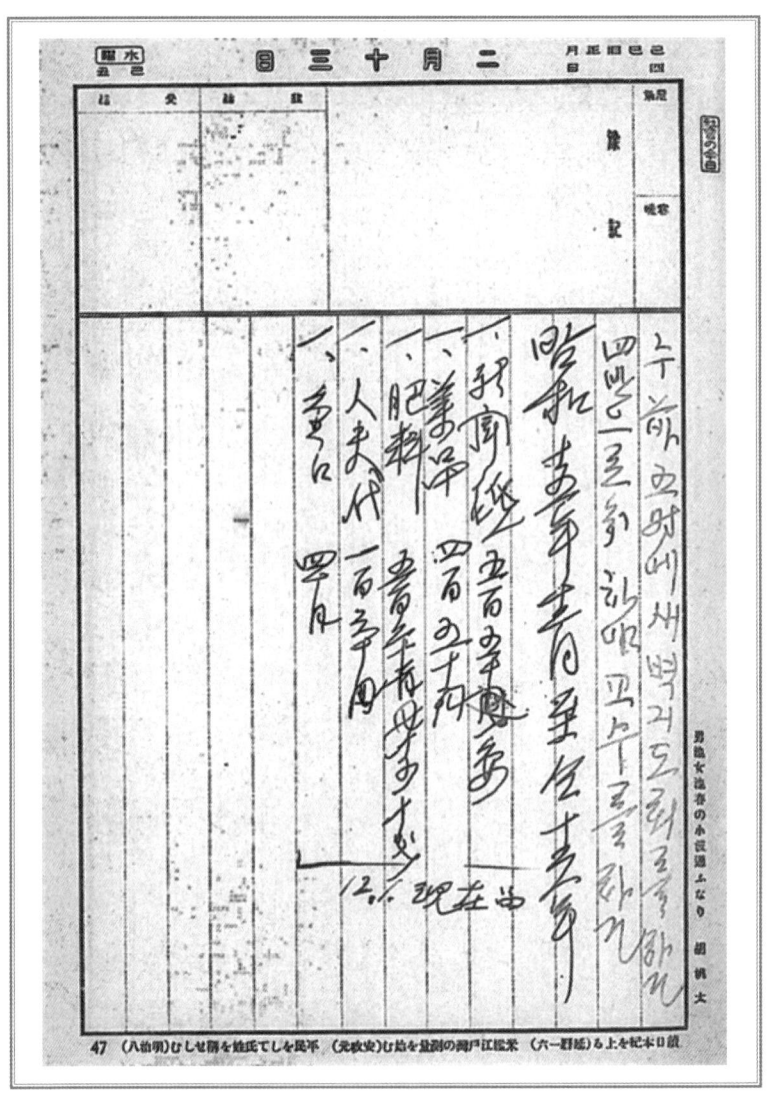

그림10. 잉크색을 달리하여 "소화(昭和) 15년 12월부터 16년까지"라고 쓰여 있다. 1940~1941년에 이 부분을 쓴 것으로 추정된다.

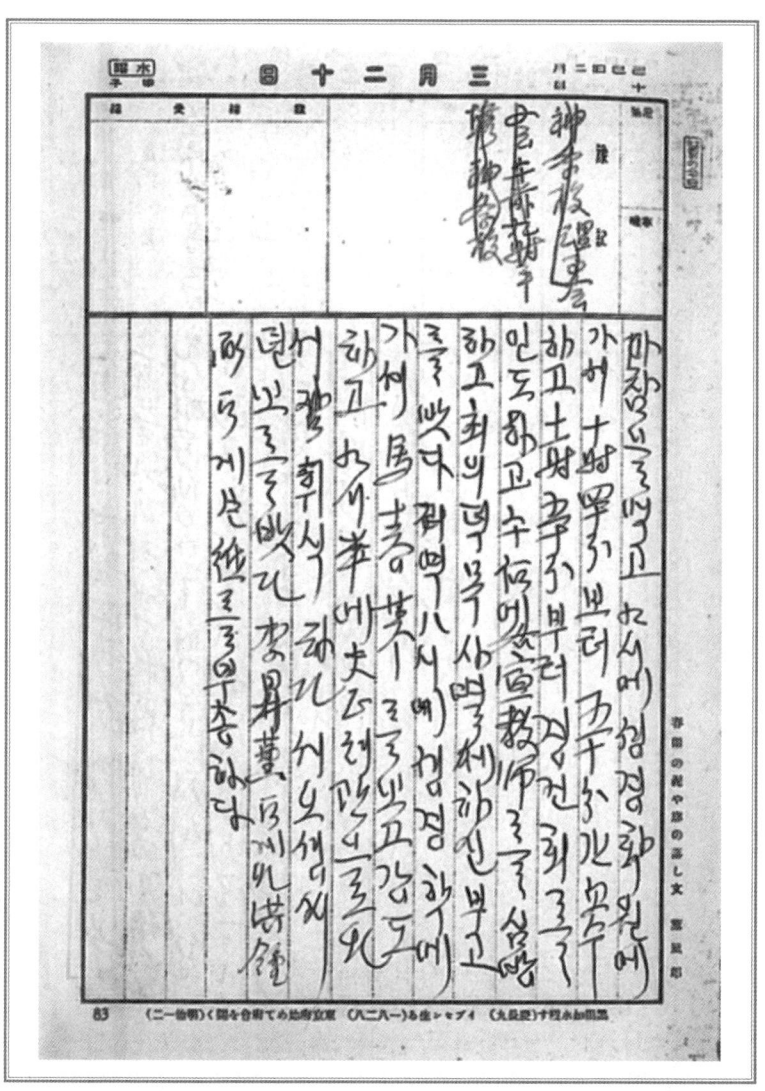

그림11. 최의덕 목사 별세 소식을 들었다는 내용이 3월 20일 자 일기에 있다.

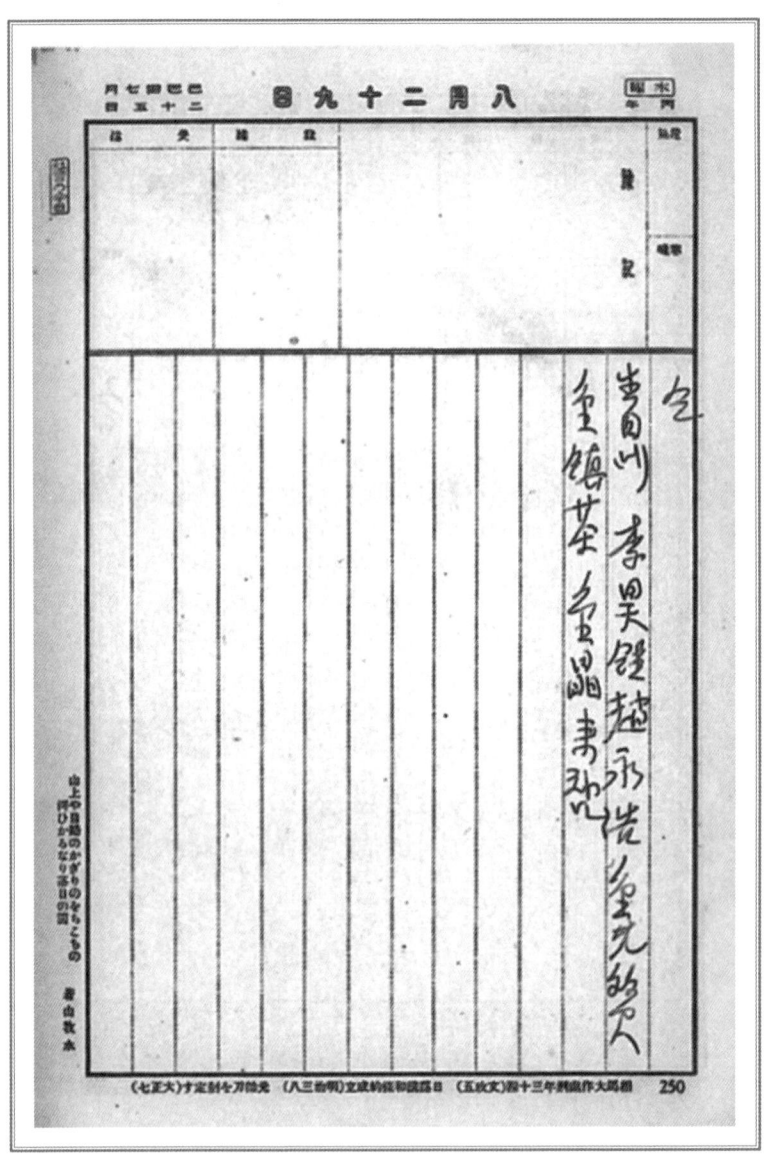

그림12. 생일 축하를 8월 29일에 받았다는 기록이다. 음력으로 7월 25일이다.

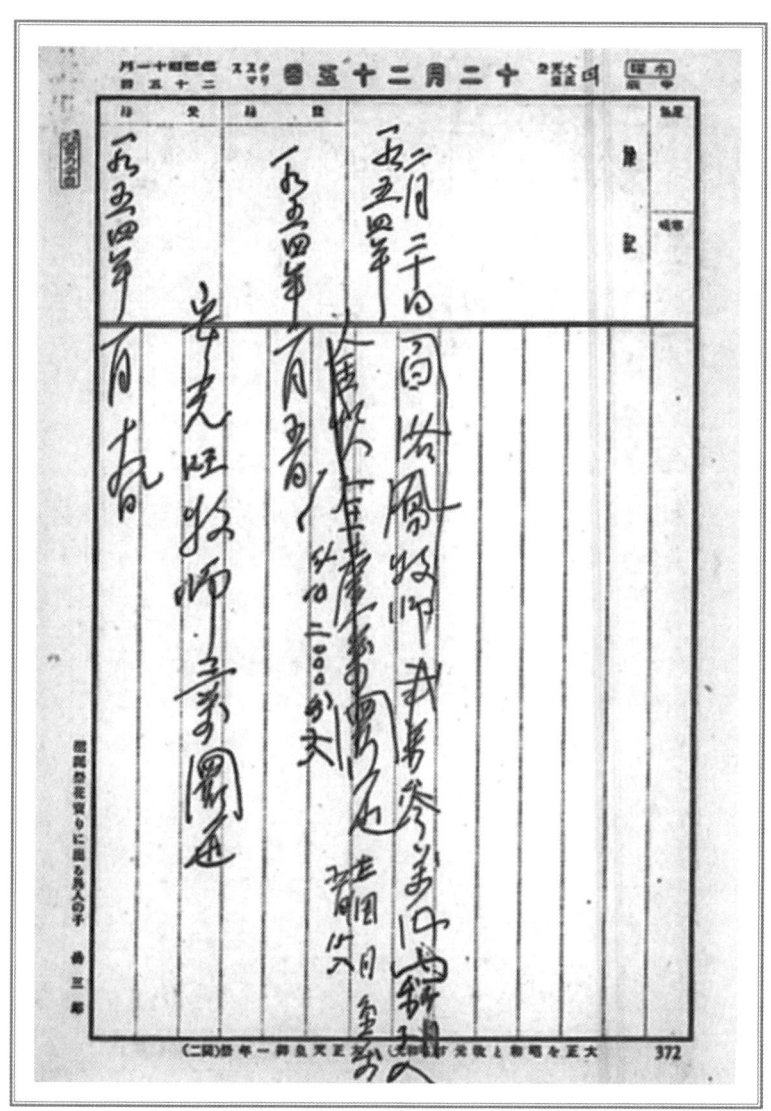

그림13. 일기 12월 25일 난에는 "1954년"이란 연도가 보인다. 이는 대전(大田)에서 작성된 것이다.

1월 1일 [화]

【난한(暖寒)】 극한.[38]

【예기(豫記)】[39]

주일인데 예배당에 갔다가 몸이 불편[不平]하여서 집에 와서 안정하다. 안삼용[40] 장로 연하장이 오고 장금식[41]에게 [시켜서] 편지를 보내다. [送信]

【발신(發信)】[42] ~~신생(新生)~~[43] 신학세계,[44] 기독신보[45]

【수신(受信)】 정팔현(鄭八鉉),[46] 함태영(咸台永),[47] 이봉환(李奉煥).[48]

---

38. 극심한 한파
39. 이 일기는 1929년에 쓴 것이지만, 1월 1일 예기(豫記) 부분은 1950년에 기록한 것이다. 일기의 난외(欄外) 윗부분에 1950년이라고 쓰여 있는데, 1950년 1월 1일이 주일이었다. 이 부분만 1950년에 쓴 이유는 알 수 없다.
40. 안삼용 장로는 전북 익산시 황등면 황등교회에서 1948년 7월 4일 초대 장로로 임직을 받았다.
41. 장금식은 이자익 목사의 차녀 이보은과 1946년에 결혼한 둘째 사위이다.
42. 일기에는 발신과 수신 내용을 서로 바꾼다는 화살 표시가 있다.
43. 신생(新生)이라고 썼다가 지웠다. 「신생(新生)」은 류형기 목사가 창립한 신생사에서 1928년에 창간한 잡지 이름이다.
44. 「신학세계」는 1916년 2월 감리교의 조원시(趙元時, George Heber Jones) 선교사가 계간으로 창간한 신학 전문 잡지이다.
45. 「기독신보」는 최초의 장로교와 감리교가 연합하여 발행한 교회 주간신문으로 1915년 12월 7일 창간되어 1937년까지 간행되었다.
46. 정팔현은 함양군 안의면 안의교회 집사였다. 병원을 운영하고 있었고, 직업은 의사였던 것 같다. "1934년 안의교회 정팔현 집사가 덕암리에서 의료업을 개업하며"라는 기록이 있다.(한국학중앙연구원 - 향토문화전자대전, 개평교회 편)
47. 함태영은 이자익 목사의 친구 목사로 1923년 장로교 12대 총회장을 역임했고 자유당 시절 부통령을 지냈다.
48. 이봉환은 장남이고 교육자인데 금산교회와 금산읍교회 장로로 시무하였다

【일기(日記)】

오전 6시에 25장 찬송을 부르고[49] 히브리서[희] 12장 11절을 보고 가족 기도를 하고 식후에 로마인서[50] 공부를 준비하다.[51] 시장에 가서 백미(白米) 50되(升) 12원[52] 50전, 콩[太] 10되 1원 40전, 만두 24전[을 사다.] 한명수(韓明洙) 부인 20전 대출(貸出), 김성례(金聖禮) 2원 줌[下],[53] 보은(宝恩)[54] 에게 45전, 서오성(徐五星),[55] 이유희(李有喜) 씨를 방문(訪問). 김선행(金善行)이 와서 정태옥(丁泰玉)이에게 문답함을 요구하다.[56]

---

49. 당시 이자익 목사가 사용한 찬송가는 1908년에 장로교와 감리교가 연합으로 발행한 『찬숑가』이다. 이 찬송가의 1908년 판은 악보 없이 가사만 있는 '무곡 찬송가'였고, 1909년 판은 악보가 있는 찬송가였다. 25장은 <구세주를 아는 이들>(현행 찬송가 26장)이다.
50. 로마서를 예전에는 '로마인서'라고 했다.
51. 당시 이자익 목사가 사용하던 성경은 1911년에 발행된 『셩경젼셔』이다. 이를 구역(舊譯) 성경이라고 한다. 구역 성경은 1938년에 개역 성경이 나오기까지 사용되었다.
52. 12円(엔)으로 표기되었지만, 원(圓)으로 옮겼다. 이자익 목사는 자필 일기 전체에서 원(圓)을 円으로 쓰고 있는데 이는 당시의 관행이었다.
53. 한자로 하(下)라고 되어 있다. 이는 '하사(下賜)'의 약어로 '주다'라는 의미이다.
54. 이보은은 이자익 목사의 둘째 딸 이름이다.
55. 서오성(徐五星)의 본명은 스텔라 메이 스코트(Stella May Scott)이고 호주장로회 여자 선교사이다. 1916년에 조선에 들어와서 23년 동안 거창 선교부의 책임자로 전도와 교육에 힘썼다. 그녀는 '거창 주교'라는 별명을 얻을 만큼 거창지역의 교육과 선교에 많은 기여를 하였다. 1939년 일제에 의하여 강제 추방을 당해 호주로 돌아간 후 1961년 멜버른에서 사망하였다.
56. 정태옥을 학습 교인으로 세우기 위해 문답 시행할 것을 권했다는 뜻이다.

1월 2일 [수] 극한

서문교회(西門敎會) 축사

【난한(暖寒)】 극한

【예기(豫記)】[57]

오전[上午] 5시 35분 승차. 전주 11시 반 하차.

한상용[58] 장로가 오찬을 신천지(新天地)[59]에서.

저녁[夕] 김윤식[60] 목사 댁. 김세열[61] 목사 방 체류[방류].[62]

구 원장 면회 이인범[63] 목사 치료 부탁.

【발신】 라부열(羅富悅),[64] 이인조(李仁祚), 신학세계사

---

57. 2일의 난외(欄外)에 쓴 "서문교회 축사"와 예기(豫記)의 내용도 1일과 마찬가지로 1950년에 기록한 것이다. 1950년 1월에는 이자익 목사가 거창이 아닌 김제에 있을 때이다. 당시 교계 지도자였던 김제의 한상용 장로나 전주의 김세열, 김윤식 목사, 금산의 이인범 목사 등의 이름이 이를 증명하고 있다.
58. 한상용 장로는 김제 임상교회를 설립하였고 영수로 활동하였다.
59. '신천지'는 음식점 이름으로 생각된다.
60. 김윤식 목사는 1948년 전주완산교회 제6대 담임목사로 부임하여 1972년 은퇴하였다.
61. 김세열 목사는 1950년 전주태평교회를 설립하고 초대 담임 목사로 시무하였고, 1954년 초대 기장 총회장을 역임하였다.
62. 한글로 "방류"라고 쓰여 있다. 일기의 다른 곳에는 한자로 '方留' 또는 '방留'라고 기록되어 있다.
63. 이인범 목사는 일본과 조선을 오가며 선교 활동을 한 성결교 목사로 인천 송현성결교회 초대 담임목사를 역임하였다. 이후 장로교로 적을 옮겨서 1949년 1월 3일 금산읍교회(현 금산제일교회) 4대 목사로 부임하였고, 1951년 금산에서 별세하였다. 금산군은 당시에는 전북(全北)이었으나 지금은 충남(忠南)에 속해 있다.
64. 라부열(羅富悅) 목사는 북 장로교 선교사로 평양신학교 2대 교장을 지냈고 (1925~1938년), 1941년 일제에 의해 추방당하여 1946년 미국에서 사망하였다.

【수신】 예수교(耶蘇教) 중회(中會), 이수현(李守鉉),[65] 강평국(姜平國)[66]

【일기】
라부열 목사에게 회답을 하고 신학생 입학시험 보는 것을 [정]하다. 신학세계 편집부에 회답을 하다. 웅양(熊陽)[67]에 가서 정태옥(丁泰玉)이를 학습인으로 세우다. 서오성(徐五星) 씨 6원 70전을 대출, 웅양에서 오후 1시 40분 자동차[68]로 2시 반에 집에 와서 로마인서 공부를 준비하다. 저녁을 먹고 예배당에 가서 기도회를 하고[보고], 집에 와서 1시간 반을 가족과 같이 담화(談話)하다가 10시에 침실[침방]에서 잠을 자다./ 순행(巡行).[69]

---

65. 이수현 목사는 1895년 군산 출생으로 장로교 제48회 총회장을 지냈다. 1925년 평양 신학교를 28회로 졸업한 후, 광주중앙교회, 마산 문창교회, 순천중앙교회, 군산 개복동교회, 군산중앙교회 등 여러 곳에서 목회하였다.
66. 강평국은 김제 구봉리교회 초대 장로이다. 그는 본래 군산에서 미곡상으로 부자가 되었고, 1906년 이자익과 조덕삼에 이어 김제 두정리교회(현 금산교회)에서 세례를 받았다. 1910년부터 구봉리교회(현 원평교회)에 출석하였고, 1913년 초대 장로가 되었으며, 원평에서 삼일운동을 주도한 애국지사로도 이름을 남겼다. 말년에 아내가 사망하자 다시 군산으로 이주하여 개복동교회에 출석하다가 1947년 소천하였다.
67. 웅양(熊陽)은 경상남도 거창군 웅양면이다.
68. 이 일기에서 자동차는 버스를 의미한다.
69. 순행(巡行)은 순찰(巡察)을 했다는 의미인지, 일기를 계속 쓰겠다는 의미인지 불분명하다.

1월 3일 [목]

【예기】[70].

~~청림(靑林) 사경(화) 시작,~~ [71] 아침(朝), 김세열 목사댁, 점심[午] 조요섭[72] 목사, 오후 2시 쌍용(双龍)[73] 자택.

【일기】[74]

비용[費] 한 근[每斤] 30전, 석탄 2원 80전, 카페이(カテイ)[75] 32전, 류산동, 히상연 22전, 이코치니(イコチニ) 한 개 5원, 류산동(ルサントン) 대용품 한 개 50전, 이코치니(イコチニ) 대용품 한 개 3원 70전, [?][76]

---

70. 예기(豫記) 난에는 소화 16년(1941년)을 뜻하는 "16년(年)"이라는 글씨가 쓰여 있는데, 이로 미루어 3일 자 '예기' 부분은 거창에서 다시 김제로 돌아온 후 1941년에 쓴 것이다. 전주의 김세열 목사, 조요섭 선교사의 이름과 "쌍용 자택"이라는 말이 이를 증명한다. 다만 "청림 사경회 시작"은 거창의 청림교회를 말하는데, 1월 4일 자에도 같은 내용을 썼다가 지운 것으로 보아 잘못 쓴 것 같다. 아니면 사경회를 계획했다가 취소된 것으로 볼 수도 있다
71. 썼다가 지운 청림교회는 거창군 남상면 대산리에 있었고, 현 대산교회의 옛 이름이다.
72. 조요섭(Joseph Barron Hopper, 1921~1992) 목사는 미국 남장로교 선교사로 전주 선교부를 중심으로 사역하였다. 호남신학대학교 제2대 이사장을 역임하였다.
73. 전라북도 김제시 금산면 쌍용리. 조선 말기 금구군 수류면에 속했던 지역으로, 1914년 행정구역 개편에 따라 용계리와 용흥리 일부를 병합하여 쌍용리라 하고 김제군 수류면에 편입하였다. 1935년 수류면이 금산면으로 개칭됨에 따라 김제군 금산면 쌍용리가 되었고, 1995년 1월 1일 김제시와 김제군이 통폐합됨에 따라 김제시에 속하게 되었다.(한국학중앙연구원-향토문화전자대전)
74. 1월 3일 자 일기에는 갑자기 잡기(雜記) 수준의 글씨가 어지럽게 쓰여 있다. 일기의 내용은 무엇을 얼마에 샀다는 것인데, 한자와 한글, 그리고 일본어가 섞여 있다. 이러한 잡기(雜記) 수준의 내용이 일기의 절반을 넘는다.
75. 일본어로 표기된 카페이, 이코치니, 류산동 등은 당시의 물건 이름인 듯하나 정확한 뜻을 알 수 없다.
76. 일본어처럼 생긴 물건 이름을 해독할 수 없다.

한 개 3원 80전.

1월 4일 [금]

【예기】 김진충(金鎭茧) 댁, 점심[午] 자택 체류[留].[77]

【일기】 청림사경(靑林査經)[78]

1월 5일 [토]

【예기】 자택

【일기】 동(소)[79]

1월 6일 [일]

【예기】 자택, 선교사 각 댁(宅)에 기장[黍][80]을 나누어 줌[分給].[81] 점심[午] 인 목사 댁.

송관용 댁에 기장[黍] 4관(貫)을 공급[給]. 김세열 댁, 저녁(夕).[82]

【일기】

서정태(徐廷泰)[83] 목사 댁 체류[留].

---

77. '留'(유)는 체류, 즉 그 집에 머물렀다는 뜻이다. 일기의 곳곳에 기록되어 있다.
78. 청림사경의 뜻은 청림교회 사경회를 의미한다. 쓰고 지운 표시가 있는 것으로 보아 사경회를 계획하였다가 변경된 것일 수 있다.
79. 동(소)이라는 글자만 쓰여있고 일기 내용은 없다. 이 동(소)은 동(同)과 같은 뜻으로 일기에 반복적으로 등장하는데, 이는 앞선 내용이나 날짜, 시간 등이 동일(同一)함을 줄여 표현한 것이다.
80. 서(黍)는 곡식 기장을 말한다.
81. 분급(分給)은 각각의 몫을 나눠 주는 것을 의미한다.
82. 6일 예기(豫記) 난 끝부분의 화살표가 7일 [일기] 난 쪽으로 그어져 있다. 6일 예기 난의 내용은 7일의 일과를 6일 예기에 잘못 적었다는 표시이다.
83. 서정태 목사는 1942년 전북 무주군 증산교회(曾山敎會)의 담임 목사로 부임하였고,

1월 7일 [월]

차표(車表)[84]

【예기】

아침[朝] 7시 40분 승차, 9시 30분 황등 하차, 안삼용(安三龍) 장로 댁에서 아침[朝],[85] 황등교회 마태복음[馬] 16장 18절, 안 장로가 하오 2시 승차, 동(소) 6시 반 자택(自宅).

【일기】

서오성(徐五星) 씨에게 대출 해준 돈(貸出條金) 6원 70전이 들어오고[入] 김양순(金良順) 1원 50전을 주고, 75원을 봉급[86]으로 받아서 서적 2[권]과 찬송 17원 8전을 주고, 희순(希順)[87] 1원 70전, 차비 3원 또 주고, 거치 저금을 하고, 난로대[代]와 연돌대(代)[88]를 15원 60전을 주고, 우육(牛肉)[89] 1원 60전을 주고, 오형선(吳亨善)[90] 씨 40원 대

1949년 제35회 총회에서 경남노회 분규 사건의 해결을 위한 총회 전권위원으로 선출되었다.
84. 차표(車表)는 車票(차표)의 오기이다.
85. 7일 자 '일기' 난은 1929년에 쓴 것이지만, '예기'(豫記) 난의 내용은 1~2일 자와 같이 1950년에 쓴 것이다. 그리고 그 내용은 8일(주일) 예기(豫記) 난에 쓸 것을 잘못 기록한 것이다.(7일 자 예기 난에서 8일 자로 넘어간 화살표가 있다.) 안삼용을 장로(1948년 임직)라고 한 것과 황등교회 주일 설교(마 16장 18절)를 했다는 기록이 이를 증명한다.
86. 1929년 당시 이자익 목사 봉급이 75원이라는 기록이다.
87. 희순(希順)은 맏딸 이름이다. 1월 16일 자에는 이희순(李希順)이라고 성까지 함께 적혀 있다.
88. 연돌은 난로에 연결된 굴뚝을 의미한다. 난로대와 연돌대는 난로 대금(代金)과 연돌 대금을 말한다.
89. 우육(牛肉)은 소고기를 말한다.
90. 오형선은 서울 출신으로 거창에서 금광업을 하다가 예배를 시작하여 거창읍교회가

출, 이발을 하고, 고운서(高雲瑞)[91] 씨가 오셔서 위천교회[92] 사경 일자를 작정하고 '아희생활사'[93] 3원을 부치고, 대마가례(代瑪嘉禮)[94]에게 편지를 부치고, 김정묵(金正默). 김대건(金大建), 이판하(李板夏) 세 사람[三氏]에게 '승리의 생활'[95]을 각 1권씩 부치고, 안의교회(安義教會)로 연통[연돌]을 부치고, 김한경(金漢經)에게 내의(內衣) 1개[건]를 주다. 서오성 씨를 방문, 냄비 1개 40전.

1월 8일 [화]
【예기】 없음[96]
【일기】 없음

1월 9일 [수]
【예기】 노이심 내방(來訪), 계란 20개 가져오다.

탄생하였다. 조재룡, 주남고 등이 합류하게 되었고, 초대 장로로 피택되었다. 오형선은 애국지사로도 이름을 남겼다. 오형선 장로는 1875년생으로 이자익 목사보다 4세 연상이지만, 그의 충실한 조사(助師)로 협력하였다.

91. 고운서는 당시 위천교회 조사(助師)로 섬겼고, 이자익 목사의 위천교회 사경회 인도 날짜를 의논하고 정한 것 같다. 고운서 조사는 독립운동에도 참여하여 이름을 남겼다.
92. 위천교회는 거창군 위천면(渭川面)에 있다.
93. '아희생활사'는 잡지사 이름이고. 아희는 어린이를 의미한다.
94. 대마가례(代瑪嘉禮)는 1910년 조선에 들어와 30년간 사역했던 호주 여선교사 마가렛 데이비스(Miss Margaret Davies)의 한국명이다. 그녀는 첫 호주 선교사로 내한하였다가 병으로 숨진 조셉 헨리 데이비스(J. H. Davies, 한국명, 덕배시)의 여조카이다. 대마가례와 함께 들어온 여동생 엘리스 진 데이비스(Elice Jean Davis, 한국명, 대지안)는 진주 배돈병원(1918-1941)의 여의사로 활동하였다.
95. '승리의 생활'은 잡지 이름이다.
96. 8일 자 '일기' 난은 빈칸이다. '예기' 난에는 7일에서 넘어온 화살표가 그어져 있다. 7일 '예기' 난의 내용은 8일(주일)에 있었던 일이다.

[일기]

이른 아침에 가족과 같이 각 1장을 보고 예배하고 소제하고 행구(行具)[97]를 차리고, 김동선(金東先) 조사(助事)에게 찬송가 3권[책]과 유년통일공과 1권[책]과 요과절차[98]를 부치고[付送],[99] 한시주(韓時侾) 권사댁에 장년 공과 20권[책], 유년공과 10권[책]을 두고, 오후 3시 반에 자동차로 개평[100] 난로와 연돌을 싣고 사근[101]에 가서 이인조(李仁祚) 권사댁에서 체류[留]하며 교인을 심방하고, 동(仝) 7시에 예배당에서 요한복음[約][102] 1장 12절[103] "예수를 영접[대접]하라"는 주제[문제]로 설교[강도]하고,[104] 참석은 32인이더라. 예배 후 이인조 씨 댁에서 유년공[과] 7권[책]을 주고 교회에서 분매(分賣)[105]키로[하다]. 예배당 건축에 부족액은 오는[來] 주일에 연보(捐補)하고 그 외 부족금은 이인조 씨가 50원 담당하고 남는 것은 어디서 얻기로 하다./ 순행(巡行).

---

97. 여행 도구.
98. 한글로 쓴 '요과절차'의 뜻이 불분명하다.
99. 일기에 자주 나오는 '부송(付送)하다'는 '부치다'와 같은 뜻인데, 우편이나 물건을 우체국에 가서 부치거나 사람을 통해 전달한다는 의미이다.
100. 개평(介坪)은 경상남도 함양군 지곡면 개평리. "개평리에 가서 난로와 연돌을 싣고"라는 뜻. 연돌은 난로와 연결된 연통을 의미한다.
101. 함양군 사근면(沙斤面)은 1914년 일제의 행정구역 개편 이후 수동면에 통폐합되었다. 당시 함양군 17개 면을 9개 면으로 통폐합하는 과정에서 모간면, 도북면, 백토면, 사근면의 전부 또는 일부를 병합하여 수동면(水東面)이라고 칭하였다. 사근교회는 현재 수동교회의 옛 이름이다.
102. 옛날 성경에서 약(約)은 '요한복음'(約翰福音)을 가리킨다.
103. "영접하는 자 곧 그 이름을 믿는 자들에게는 하나님의 자녀가 되는 권세를 주셨으니"(요1:12)
104. '문제로 강도하다'는 어떤 주제(제목)로 설교했다는 의미이다. 일기에 계속 이 표현이 나온다.
105. 분매(分賣)는 나누어서 구매하였다는 뜻이다.

1월 10일 [목]

【일기】

오전에 예배를 보고 정류소에 와서 보니 시간이 많이 있으므로 보통학교에서 소방대(消防隊) 연습하는 것을 보고, 상오 12시 반에 자동차로 함양읍(咸陽邑)에 와서 전주(全州) 위애미(衛愛美)[106]씨에게 편지(片紙)를 부치고, 예배당 사무실에 가서 점심을 먹고 황보 조사(皇甫助事)[107]와 같이 교인을 심방하고, 저녁밥을 먹고 오후 7시에 예배를 인도하다. 고린도후서 6장과 요한복음(約) 14장 6절을 보고 "건은지로(虔恩之路)[108]라는 주제[문제]로 설교[강도]하고 사경회 광고를 하고 사무실 방에서 전재섭, 황보기, 김병찬(金柄贊)[109] 등 여러 사람과 같이 모여서 담화를 하고, 김병찬 씨 신학(神學) 문답할 것을 권면하다. 사무실 방에서 황보(皇甫) 조사와 같이 잠을 자다./ 순행(巡行).

1월 11일 [금]

【일기】

---

106. 위애미(衛愛美, Emily Anderson Winn) 선교사는 전주 완산교회 초대 당회장 위인사(韋仁仕, Sanuel Deight Winn) 선교사의 여동생으로 전주를 중심으로 사역하였다. 전주여자성경학교 교장 등 주로 교육 사업에 힘썼다. 그런데 한국기독교역사연구소가 펴낸 『내한선교사사전』(2022) 925쪽에는 위애미의 다른 이름 위엄일(偉嚴壹)의 한자가 이자익 목사가 쓴 衛(위)와 다르다. 또한 930쪽에는 같은 형제인 위인사 선교사의 한자도 위애미와 다른 韋(위)로 기록되어 있다.
107. 황보 조사는 함양교회 초대 장로 황보기(皇甫琪, 1881-1956)이다. 그는 일찍부터 조사(助師)로 사역하면서 맹호은 선교사를 도와 거창군, 함양군, 합천군 등에 속한 교회를 돌보았다. 그리고 일기에서는 선교사 대리 이자익 목사의 충성된 협력자로 사역하였다.
108. 경건과 은혜의 길.
109. 김병찬은 함양읍교회 영수(領袖)로 이자익 목사를 도와 교회를 돌보았다.

오전 9시에 아침 예배를 하다. 고린도전서 9장 14절. 동(소) 10시에 자동차로 개평에 와서 이종석[리종섭]¹¹⁰씨와 그 부인을 예배당에서 만나고 난로 놓을 것을 준비하여 주고, 11시 반에 신작로(新作路)로 와서 거창행(居昌行) 자동차¹¹¹를 타고 안의¹¹²에 와서 정팔현(鄭八鉉) 씨 댁에 와서 점심을 먹고, 오후에 예배당에 가서 난로 연통[연돌]을 맞추고 돌아와서 저녁밥을 먹고 예배당에 가서 기도회를 인도, 묵시록[묵]¹¹³ 3장 1~6절 사데교[회]¹¹⁴ 를 가지고 권면하고, 동(소)¹¹⁵ 8시~10시 반에 기도회를 마치다. 회집인(會集人)은 남녀 20인이더라. 정팔현 씨가 병원으로 와서 동(소) 10시에 잠을 자다.¹¹⁶ / 순행(巡行).

1월 12일 [토]

【일기】

오전 8시 고전[전고] 9장 14절~27절을 보고 묵도하고 아침[조반]을 먹고 예배당에서 난로를 놓고 오후 2시에 봉산¹¹⁷ 가서 교우를 심방

---

110. 이자익 목사의 자필로 쓴 '리종섭'이라는 이름은 '이종석'을 잘못 쓴 것으로 보인다. 4월 11일 자에는 이종석(李鐘奭)이라는 한자가 분명히 나오기 때문이다. 둘 다 개평(介坪)교회 교인 이름이다.
111. 자동차는 버스를 의미함.
112. 안의(安義)는 경상남도 함양군 안의면이다.
113. 원문의 '묵'은 묵시록을 의미하며 이는 요한계시록의 다른 이름이다.
114. 원문에는 '사데교'만 있고 '회'가 없다.
115. 여기서 동(소)은 同과 같은 의미이다.
116. 기도회가 10시 넘어서 마쳤다면 정팔현 씨는 이자익 목사와 별도로 병원에 와서 먼저 10시에 잠을 잔 것으로 보인다. 정팔현은 "의료업에 종사했다"는 기록으로 보아 의사였던 것 같고, 그가 운영하는 병원이 12일 자에 나오는 천생의원(天生醫院)이었다. 그는 자기 병원에서 이자익 목사와 같이 잔 것이다.
117. 여기서 봉산은 안의면 봉산리를 말한다. 안의교회는 본래 봉산리에 있었고, 1924년 봉산교회로 시작하여 1927년 석천교회와 합치면서 이름을 안의교회로 변경하였다. 한편, 거창군 고제면 봉산리(鳳山里)의 봉산교회는 1937년에 세워진 다른 교

하고, 교북(敎北)[118]가서 정 장로 댁[119]에서 저녁밥을 먹고, 천생의원(天生醫院)에 와서 약을 먹고, 동(仝) 7시에 예배당에 가서 히브리서[希] 12장 1절[120]을 가지고 "얽매이기 쉬운 죄를 벗어 버리라"는 주제[문제]로 설교[강도]하다. 회집인원(會集人員) 25인이더라. 8시에 예배를 필하고 천생의원(天生醫院)에 와서 담화하며 다과와 진병(眞餅)[121]을 먹고, 동(仝) 12시에 자리에 눕다./ 순행(巡行).

1월 13일 [일]

【일기】

오전 8시에 성경 고전[전고] 9장 15절~27절을 보고 천생의원(天生醫院)에서 당회가 회집(會集)되어 서리집사 정팔현(鄭八鉉), 강두표(姜斗杓), 최두수(崔斗洙), 여집사(女執事) 서고정(徐古井), 최순달(崔順達), 주일학교장[主校長] 장년 정팔현(鄭八鉉), 교사 정관혁(鄭冠赫), 문희균(文希均), 최순달(崔順達), 유년부(幼年部) 교장 정관혁, 교사 김노성(金老成), 서고정(徐古井), 정영운(鄭永運), 홍연철(洪連喆), 정순원(鄭順遠)을 봉(捧)[122]하고 각구역(各區域) 권찰을 봉(捧)하고 폐회하다. 오전(上午) 11시에 누가복음[눅] 19장 11~27절 '임사자

회이다.
118. 교북은 경상남도 함양군 안의면 교북리(校北里)이다.
119. 정관혁(鄭冠赫) 장로를 뜻한다. 13일 자 일기에는 이자익 목사가 정관혁 장로를 유년부(幼年部) 교장 겸 장년부 교사로 임명하고 있다. 그런데 '제21회 경남노회 부록(附錄)-직분자 명부'(1926년 7월 현재)에는 정관혁 장로 소속 교회를 안의교회의 옛 이름인 봉산교회로 소개하고 있다.(사등교회 100년사 인터넷 자료에서 재인용.)
120. 이러므로 우리에게 구름 같이 둘러싼 허다한 증인들이 있으니 모든 무거운 것과 얽매이기 쉬운 죄를 벗어 버리고 인내로써 우리 앞에 당한 경주를 하며(히12:1)
121. 진병은 '전병(煎餅)'의 오류인 듯하다. 국어사전에 '진병(眞餅)'이란 단어는 없다.
122. '봉(捧)하다'는 직분을 주어 맡긴다는 뜻이다.

(任事者)의 책임)'¹²³이라는 주제[문제]로 설교[강도]하고, 조사(助師) 연보를 하고 예배를 마치고 제직회를 하다. 동(仝) 5시 반에 서고정(徐古井) 씨(氏) 댁에서 저녁을 먹[다]. 7시에 예배당에서 묵시록¹²⁴ 2장 6절을 보고 인도하고, 동(仝) 8시에 기도를 마치고 천생의원(天生醫院)에서 잠을 자다./ 순행(巡行).

1월 14일 [월]

【일기】

오전 8시에 자동차로 8시 50분에 자택에 도착하여 조반을 먹고, 이유희(李有喜) 씨에게 축하 편지를 부치고[付送], 김동선(金東先)¹²⁵ 씨를 만나 위천 사경회 하는 일을 말하고 같이 점심을 먹고 집에 와서 담화를 하고, 오후 3시에 김동선 씨는 위천(渭川)으로 가고, 로마인서 공부를 준비하다. 김선행(金善)[行]¹²⁶이 와서 정태옥이 혼인(婚姻) 사견을 말하고 구두 대금[代]으로 8원과 건량[건양]¹²⁷을 주기에 받고.¹²⁸ /순행(巡行).

---

123. 일을 맡은 사람의 책임.
124. 묵시록은 요한계시록의 다른 이름이다.
125. 김동선은 조사(助師)로 당시 위천교회를 비롯하여 여러 교회를 돌보면서 이자익 목사를 도왔다.
126. 일기에는 김선(金善)만 쓰여 있지만, 15일 자의 김선행(金先行)과 같은 인물이다.
127. 건량(乾糧)은 건조 시킨 양식, 즉 먼 길을 가는 데 지니고 다니기 쉽게 만든 양식을 말한다.
128. 김선행이 정태옥 결혼에 관한 일을 전하며 이자익 목사에게 구두 대금과 건량 식품을 건네주었다는 것인데, 이중 구두 대금은 1월 15일에 한명수 씨에게 전달했다는 기록이 있다. 정태옥은 1월 29일 오전 12시에 노현교회(老玄敎會)에서 결혼식을 올렸다.

1월 15일 [화]

【예기】[129] 234 + 239 = 463

【발신】인동(仁同)[130]

【일기】

오전 6시 50분에 아침 예배를 보고, 9시 반에 조반을 먹고, 오형선(吳亨善) 장로 이사(移舍)하는데 작별을 하고, 위애미(衛愛美) 씨에게 편지를 부치고[付送], 집에 돌아와서 로마인서 공부를 준비하고, 조재룡(曺在龍)[131] 장로를 방문하고, 저녁밥을 먹고, 아침에 김선행(金先行)과 같이 조반을 먹고, 곡조찬송[132] 1권[책]과 성경 1권[책], 공과 2권[책] 대금[代] 2원 90전을 받다. 한명수 씨께 구두 대금[代] 8원과 대금(代金)을 전하다.[133] 위애미 씨에게서 전보가 오다.

1월 16일 [수]

【일기】

오전 7시에 가족예배를 하고 조반을 먹고, 이자민(李慈旻) 씨에게 답장을 하고, 시장에 가서 해의일토(海衣一吐)[134] 29전, 멸치 10전, 송수

---

129. 예기 난에 잡기(雜記) 형식의 숫자가 쓰여 있다.
130. 인동(仁同)이 무엇을 의미하는지 알 수 없다. 5월 12일 자에 나오는 강인동(姜仁同)과 한자가 같으므로 교인 이름이 아닌가 생각된다.
131. 조재룡은 오형선, 주남고와 함께 거창읍교회 장로로 이자익 목사의 순회 목회에 적극 협력하였다.
132. 곡조찬송은 1909년 발행《찬송가》를 말한다. 1908년 초판은 가사만 있는 찬송가였다.
133. "구두 대금 8원과 대금을 전하다."는 중복된 표현이다. 구두 대금 8원을 전했다는 뜻이다. 일기에는 가끔 이런 중복 표현이 나온다.
134. 해의(海衣)는 김을 뜻하고 김을 세는 단위는 톳(김 100장)이다. 여기서 일토(一吐)는 김 한 톳을 말하는 것으로 보인다.

(松樹)¹³⁵ 1원 75전. 김대건(金大建), 이희순(李希順), 이영한(李永漢)에게서 편지 옴[來信]. 오후 5시 반에 저녁밥(夕飯)을 먹고, 삼일 예배를 보고, 이상직(李相直) 씨를 방문하고, 이상직 씨 와서 유바약(藥?)¹³⁶을 가져가다. 로마서[羅馬]¹³⁷ 공부를 10시까지 준비하다. 아내[室人]¹³⁸가 체증으로 고생을 보다.

1월 17일 [목]

【일기】

고운서(高雲瑞), 김동광(金東光)이 찾아오다[來訪]. 송남창(宋南昌), 배익조(裵益祚),¹³⁹ 황보기(皇甫棋)의 서신(書信)이 오다. 김상순(金尙淳) 씨에게 시화(柿花)¹⁴⁰ 40전 2매(枚), 동원(洞原) 민경칠(閔敬七)¹⁴¹ 씨를 만나다. 한명수 씨를 심방하다. 로마인서(羅馬人書)를 공부하고 사사기(士師記)를 공부하고, 오후 7시에 이상직(李上直) 권사(勸事)를 방문하고 위산¹⁴² 50전짜리를 얻어오다. 중환(中煥)이가 두통이 심하여 아스피린[외쓰푸린]을 먹이고, 협(夾) 부인에게 돈

---

135. 송수(松樹)는 소나무 가지를 의미한다. 일기 다른 곳에는 송지(松枝)라고 쓰여 있다.
136. '유바'가 일본식 두부를 말하는 것인지, '유바약'이라는 것인지 확실하지 않다. 유바 뒤의 약(藥)처럼 생긴 한자의 초서가 맞지 않아 해독이 어렵다.
137. 라마(羅馬) 공부는 로마서 성경 공부를 했다는 의미이다.
138. 실인(室人)은 자기 아내를 이르는 말이다.
139. 배익조는 일기에서 이자익 목사를 도와 합천읍교회 조사로 사역하였다. 나중에 목사가 되었다.
140. 시화(柿花)는 감꽃인데 한약 재료로 쓰였다.
141. 동원교회 교인 민경칠을 만났다는 뜻이다. 성지해설가 전영철의 증언에 의하면 민경칠은 유경문, 민경천, 배명술, 박문옥과 함께 성주군 도동교회와 마령교회를 다녔다고 한다. (합천 가야교회, 100년 교회 순례 162)
142. 위산[胃散]은 위병에 쓰는 가루약이다.

[金] 5원을 대용(貸用)하고 아스피린[외쓰푸린] 10개(介)[143]를 50전을 주고 사 오다. 집에서 청소[소제]를 하고, 오후 11시 10분에 공부를 마치고 잠을 자다.

1월 18일 [금]

순행(巡行)[144]

【일기】

오전 7시에 가족 기도회를 보고 9시에 아침을 먹고 행구(行具)[145]를 수습하고 우체국[우편소]에 와서 편지를 찾다. 김만일(金萬一),[146] 위애미(衛愛美), 함태영(咸台永), 송관범[147] 씨에게서 편지가 옴[來信]. 그중 함태영(咸台永) 형(兄)의 차남[次子][148] 사망의 서신을 접하고 집에 가서 아내에게 말씀을 하고, 함 목사(咸牧師)를 위하여 기도하다. 김만일(金萬一) 목사에게 회답을 하고, 조재룡(趙在龍) 장로에게 공과 대(代) 4원 80전을 받고 성서공회(聖書公會) 5원 부치고[付送],

---

143. 개(介)는 개(個)의 오류인 듯하다.
144. 순행(巡行)이라는 글자가 18일에는 맨 처음 부분에 쓰여 있다.
145. 행구(行具)는 본래 여행 도구라는 말이지만, 여기서는 우체국에 가려고 나갈 채비를 하였다는 의미이다.
146. 김만일 목사는 심익순 선교사에게 세례를 받았고, 평양신학교를 17회로 졸업한 후 수안교회 목사로 경남노회 노회장을 두 번 역임하였다.
147. 송관범은 남원동북교회 목사였고, 6·25 전쟁 때 인민군에 의해 순교당했다.(아들 새힘교회 송현 목사의 증언) 제15회 총회 때 '부회록서기'로 이름이 올라 있다.
148. 함태영 목사의 자녀는 모두 10남 4녀이다. 10명의 아들 중 차남은 함병승이고 그의 사망 연도는 1956년으로 알려져 있다. 나머지 아들들도 모두 사망 연도가 밝혀졌지만, 3남 함병창의 사망 연도는 아직까지 알려진 바 없다. 그렇다면 지금 이자익 목사가 언급한 차남은 3남 함병창일 가능성이 있고, 그의 사망 연도는 1929년이라고 추정할 수 있다.

박문관(博文舘)[149] 50전 부치고, 합천(陜川) 자동차표(自動車票)[150] 1매(枚)를 외상(外上)[151]으로 얻고, 김상규(金祥圭) 집사(執事) 구두를 찾아 가지고 오후 5시 합천(陜川) 직행차로 동(仝) 5시 20분에 합천 도착. 김상규(金祥圭) 씨 [댁]에서 저녁[夕반]을 먹고 강 영수(領袖) [댁]에서 잠.[152]

1월 19일 [토]

【일기】

오전 8시에 강만달(姜晩達) 씨 가족과 같이 예배를 보고, 김상규(金祥圭) 씨 댁에서 아침을 먹고, 배 조사(裵助事)[153]와 한마아(韓瑪亞)와 같이 교우를 심방하고, 오후 2시에 김춘월(金春月) 씨 댁에 가서 박경용(朴敬用) 씨가 과자를 사 와서 먹고, 배 조사(裵助師) 댁에서 잠깐 휴식하고, 김상규(金祥圭) 씨 댁에서 저녁[夕飯]을 먹고, 강만달(姜晩達) 씨 댁에서 정재학(鄭在學) 씨와 배 조사(裵助師), 김복용(金福用) 군(君)과 같이 10시까지 놀다가 10시 반에 자리를 펴고 잠을 자다./ 순행(巡行).

---

149. 박문서관을 의미하는 듯하다. 당시 출판사 이름이다.
150. 버스표를 의미함.
151. '외상'은 순우리말인데, 옛날에는 일본인들이 사용하던 용어를 따라 外上(외상)으로 표기하던 관행이 있었다.
152. 강만달 영수 집에서 잠을 자고 그다음 날 아침에 그의 가족과 함께 예배를 드렸다.
153. 이자익 목사는 일기에서 조사의 한자 助事와 助師를 혼용하여 쓰고 있다.

1월 20일 [일]

순행(巡行)[154]

【예기】합천읍내교회(陝川邑內敎會) 장로(長老) 투표

【일기】

오전 7시에 일어나 기도하고 성경을 일과로 보고 9시에 아침을 먹고, 10시 반에 예배당에 가서 12시에 누가복음 19장 11~27절을 보고 '임사자지책임'(任事者之責任)[155]이라는 주제[문제]로 설교[강도]하고, 디모데전서 3장 1~6절을 낭독하고 장로를 투표하니 23표 중 강만달(姜晩達) 씨가 19표를 얻어 피선이 되고, 계속하여 영수(領袖)를 택하니 강만달 씨 피선이 되고 김상규(金祥圭), 정재학(鄭在學), 김장년(金長年), 정영금(鄭領今), 이경아(李敬兒), 박옥이(朴玉伊) 6명이 집사로 피선되고, 오후에 제직회로 회집(會集)하여 회계(會計) 정재학(鄭在學), 서기(書記) 김상규(金祥圭) 씨를 택하고, 5월에 주일학교 강습회를 하기로 가결하다. 오후 7시에 고전 13장을 보고 사랑[愛]이라는 주제[문제]로 설교[강도]하다. 강만달(姜晩達) 씨 댁에서 10시에 자다.

1월 21일 [월]

【일기】

오전 7시에 일어나서 행구(行具)를 수습하여 가지고[156] 7시 50분에 거창행(居昌行) 자동차로 10시 10분에 도착하다. 집에 와서 아침을

---

154. 순행이라는 단어가 여기에는 일기 시작 전 난외(欄外)에 적혀 있다.
155. 일을 맡은 자의 책임.
156. "여행할 물건들을 챙겨서"라는 뜻이다.

먹고 수임 함 서류(栟任咸書留)¹⁵⁷를 보고 받고, 교회 위하여 보낸 돈 7원 50전을 받고, 한명수 씨에게 김상규(金祥圭) 집사 구두 가격[價] 5원을 전하고, 쌀 10되(升) 2원 60전을 주고, 청황(靑黃) 10그램 65전을 주고, 꿩[꾸엉] 1마리 35전을 전해 주고, 김선행(金善行) 김명수(金命守)를 면회(面會)하다.

강용직(姜龍直) 상점(商店)에서 운동화 1켤레[足] 가져오고, 신학교장의 등기우편[書留]을 받다. 6시에 저녁밥을 먹고 일기(日記)를 쓰고 다베¹⁵⁸를 깁고[깃고], 영환(榮煥)¹⁵⁹ 아이가 손을 불에 데이다./ 순행(巡行).

1월 22일 [화]

【예기】소야교회¹⁶⁰ 사경회 시작

【일기】

오전 6시에 일어나서 국밥을 먹고 기도회[기회]¹⁶¹를 하고, 정류소에 나와서 7시 50분 자동차로 오는데, 사근[에] 와서 이인조(李仁祚) 씨

---

157. '함 서류'(咸書留)는 함태영 목사의 등기우편을 말한다. 종종 서류(書留)를 '留'로 줄여서 표기하기도 한다. 그리고 함 목사 이름 앞에 여러 번 '수임(栟任)'이 적혀 있는 점으로 미루어 함태영 목사의 또 다른 아호(雅號)로 여겨진다. 본래 함태영 목사의 널리 알려진 아호는 '송암(松岩)'이다.
158. '다베'는 '다비'의 오식(誤植)인 듯하다. '다비'는 천으로 만든 발목까지 올라오는 일본식 신발인데 "신발이 낡아 수선하였다"는 뜻이다.
159. 영환은 이자익 목사의 6남이다.
160. 거창군 신원면 소야교회는 1909년 고종을 모시던 박응용 대감에 의해 설립되었다. 본래 감리교에 속했다가 구세군 선교사의 지도를 받았고, 1919년부터는 장로교회에 속하여 거창읍교회 당회의 지도를 받았다.
161. 원문에는 기도회의 '도' 자가 빠진 채 '기회'라고 적혀 있다.

에게 구약(舊約) 1권[책]을 전하고, 9시 반에 산청읍(山靑邑)에 와서 김선정(金宣定)을 방문하고 김병의(金柄義)를 만나다. 이순완(李順完) 씨가 환영을 나와서 김병의(金柄義) 씨 댁에서 조반을 먹고 쉬면서 점심을 먹고 주일공과를 팔고, 1시 10분에 소야로 행(行)하여 주(朱) 장로와 짐꾼[162]과 같이 소야에 5시 20분에 도착하여 조해수(趙海桬) 씨 댁에서 저녁[163]을 먹고, 예배당에 가서 고린도후서[후고] 6장 2절을 보고 설교[강도]하고 8시 10분에 폐회하고, 동(仝) 9시에 자리를 펴고 잠을 자다.

1월 23일 [수]

【일기】

오전 6시에 기도회를 보고 9시 반에 조반을 먹고 태비(駄費)[164] 1원 20전을 주[고], 11시 반에 예배당에 가서 '신앙(信仰)'이라는 주제[문제]로 가르치고[교수하고],[165] 오후에 3시 반에 같은 주제[문제]로 교수하고, 6시에 사관(舍館)[166]에 다녀와서 저녁을 먹고, 동(仝) 7시에 요한복음(約) 14장 1절을 가지고 설교[강도]하다. 오전 공부에는 25

---

162. 이자익 목사는 이날 소야교회 부흥회에 참석하기 위하여 자택인 거창에서 사근이 있는 함양을 거쳐 산청까지 버스(자동차)를 이용하였고, 산청에서부터는 주남고 장로와 걸어서 소야교회까지 간 것으로 추정된다. 경남 산청에서 소야교회까지는 약 14km이다. 이자익 목사 일행은 이 거리를 4시간 10분 걸려서 도착했다고 하였는데 이것은 걸어서 간 것이다. 따라서 당연히 짐꾼이 필요했을 것이다. 이자익 목사가 먼 길을 갈 때는 자동차(버스)를 이용했는데, 짐꾼이라는 단어는 이곳에만 나온다.
163. 이자익 목사는 이 일기에서 매번 '저녁'을 '저역'이라고 사투리로 적었다.
164. 태비(駄費)는 말이나 탈것을 이용한 경비를 말한다.
165. '교수하고'는 '가르치고'라는 말인데, 성경 공부 식의 강해 설교를 했다는 의미이다.
166. 사관(舍館)은 사택이나 부흥회 강사가 머무는 곳을 뜻한다. 예전에는 부흥회 강사가 해당 교회 목사 사택이나 교인 집에 머물며 부흥회를 인도했다.

인이 참석, 오후는 18인이 참석, 예배회(會)는 20인이 참석하다. 8시 20분에 예배를 마치고 사관(舍館)에 와서 병탕(餠湯)[167]을 먹고 10시 반에 자리를 펴고 잠을 자다.

1월 24일 [목]
【예기】 동(소)

【일기】
오전 6시에 기도회를 보고 9시 반에 김봉규(金奉圭) 댁에서 조반을 먹고 10시 반에 예배당에 가서 가르치고[교수하고], 오후 1시 반에 김봉규 씨 댁에서 점심을 먹고, 오후 3시 반에 예배당에 가서 공부를 가르치고, 6시에 김봉규 씨 댁에서 저녁[석반]을 먹고, 7시에 예배당에 가서 고전 15장 2절을 보고 "믿으면 구원을 얻고 믿지 않으면 구원을 얻지 못한다"는 제목으로 설교[강도]하다. 공부 시간에는 25인이 회집(會集)하고, 새벽기도회는 10인 회집하고, 예배에는 25인이 출석 중 불신자(不信者)가 6인이 참석하다. 8시 반에 조해수(趙海枃) 댁에 와서 9시에 자리를 펴고 잠을 자다. 왕길(王吉) 목사에게 편지를 준비.

1월 25일 [금]
【일기】
오전 6시에 예배당에 가서 기도회를 하고 8시 반에 박의문(朴義文) 씨 댁에서 조반을 먹고 11시 반에 사경회를 인도하고[査經을 교수하

---

167. 병탕(餠湯)은 떡국이다.

고],¹⁶⁸ 오후 1시에 박의문(朴義文) 집에서 점심을 먹고, 가아(家兒)¹⁶⁹ 봉환(奉煥)¹⁷⁰과 정재경 씨에게 편지를 준비하고, 3시 반에 사경회를 인도하고[교수하고], 6시 반 박의문 집에서 저녁을 먹고, 예배당에 가서 고린도후서[후] 13장 5절을 가지고 설교[강도]하고 8시 20분에 폐회하고, 사관(舍館)에 와서 휴식하고 저녁 10시에 자리를 펴고 잠을 자다. 공부회(工夫會)는 20인, 예배회(禮拜會)는 23인, 새벽기도회는 10인이 참석하다.

1월 26일 [토]

【일기】

오전 6시에 예배당에서 기도회를 하고, 오전 9시에 박 집사 댁에서 조반을 먹고 예배당에 가서 가르치다[교수하다]. 눈이 종일토록 오다. 오후에 교수하고 조회권 씨 댁에서 제직회를 하다. 교회 재산이 50원이 있는데 예배당 건축비로 보용(補用)¹⁷¹ 하기로 하다.

위병으로 저녁을 굶고¹⁷² 예배당에 가서 히브리서 2장 3절을 주제[문제]를 삼아 설교[강도]하다. 8시 반에 사관(舍館)에 돌아오다. 공부회에 19인, 새벽기도회 9인이 회집(會集), 공부회 28인, 예배회 25인이 참석하다. 노회(老會) 부담금 12원이 들어오고[入], 책 대금[冊價] 1원 20전 들어오고[入], 9시 반에 자리를 펴고 잠을 자다. 감기와 체증으로 고생을 하다.

---

168. 사경을 교수하였다는 말은 사경회 성경 공부를 인도했다는 뜻이다.
169. 가아(家兒)는 '우리 집 아이'라는 뜻이다.
170. 봉환은 이자익 목사의 장남이다.
171. '보태어 쓰기'로 결의했다는 뜻이다.
172. 위에 병이 나서 저녁을 먹지 못했다는 뜻이다. 이자익 목사는 소화 기관이 약하여 늘 고생하였다고 한다. (외손녀 장은옥 권사의 증언, 2024년 12월 7일 녹취.)

1월 27일 [일]

【예기】 소야교회 사경회 마침[종]

【일기】

오전 7시에 일어나서 대변을 보고 다시 자리에 누웠다가 8시 반에 세수(洗手)를 하고, 박기호(朴其浩) 씨 댁에서 조반을 먹고 사관에 와서 2시간 휴식하고, 예배당에 가서 로마서[羅] 8장 1절을 보고 '재기독내자행복(在基督內者幸福)'[173]이라는 제목[문제]으로 설교[강도]하고 12시 반에 폐회하다. 회집인(會集人)은 20인이더라. 오후 7시에 예배당에 가서 고린도후서[후고] 6장 1절을 가지고 '하나님의 은혜 헛되이 받지 말라'는 제목[문제]으로 설교[강도]하고 8시 반에 폐(閉)하다. 회집은 27인이더라. 처소에 와서 9시 반에 김상규(金祥圭) 씨가 묵과 감주를 가져와서 대접을 받고, 10시에 자리를 펴고 잠을 자다.

1월 28일 [월]

【발신】 왕길 노목사(王吉老牧師),[174] 이원성(李元誠), 여전수(呂傳帥)
【수신】 희순(希順), 김성선(金成先), 배익조(裵益祚) 봉급(俸給)

【일기】

오전 5시 반에 일어나서 기도하고 6시에 조반을 먹고, 행장(行裝)을 수습하여 가지고 6시 반에 출발하여 12시 50분에 도착하다. 소나무

---

173. 재기독내자행복(在基督內者幸福)은 '그리스도 안에 있는 자의 행복'이라는 뜻이다.
174. 왕길지(王吉志) 목사는 1868년생으로 이 일기가 쓰일 당시 61세였는데, 노(老) 목사로 표현하고 있다.

잎[松엽]¹⁷⁵ 한 짐 75전을 주고 사고, 여전수(呂傳帥) 목사에게 12원을 부치고[付送], 주남고(朱南皐) 장로 저축 기금[계금] 2원 들어오고[入], 고운서(高雲瑞) 씨 2원 들어오고[入] 저축 기금[계금], 성서공회에서 성서가 오고 예수교서회¹⁷⁶에서 곡조 찬송가 2권[책]을 받고, 이상직 집사를 방문하고, 목욕을 하고 위산 50전을 주고 사다. 집에 와서 서적을 보고 9시에 자리를 펴고 잠을 자는데 한축(寒縮)¹⁷⁷을 하고, 또 영환이가 열기로 많이 고생을 하고 잠을 자지 못하다. 서교장(徐校長)¹⁷⁸과 희순(希順)의 주간학교(主間學校)¹⁷⁹에서 일할 것을 결정[작정]하다.¹⁸⁰

1월 29일 [화]

【예기】 오전 12시에 정태옥(丁泰玉)이 혼례 노현교회(老玄敎會)에서
【발신】 희순(希順), 봉환(奉煥), 이석락(李晳洛)
【수신】 마로덕(馬路德)¹⁸¹

【일기】
오전 4시 반에 일어나서 가족 기도회를 보고, 읍내(邑內) 가서 희순

---

175. 송엽은 일기의 다른 곳에 나오는 송지(松枝=소나무 가지)와 같은 뜻이다.
176. 1890년에 선교사들에 의해 창립된 조선예수교서회를 말한다. 현재 '대한기독교서회'의 옛 이름이다. 4월 1일 자에는 금성예수교서회(金城耶蘇敎書會)라고 썼다.
177. 한축(寒縮)은 추운 기운에 몸을 움추린다는 뜻이다.
178. 서오성(徐五星) 선교사를 뜻함. 서 선교사는 여학교와 유치원 교장을 하며 교육 사업에 힘썼다.
179. '主間'(주간)은 '週間'(주간)의 오기(誤記)인 듯하다.
180. 서 교장의 주간학교에 맏딸 희순이의 일자리를 부탁하여 정한 듯하다.
181. 마로덕(馬路德, Luther Oliver McCutchen) 선교사는 미국 남장로교 소속으로 전북 지역 선교에 공헌하였다.

(希順)에게 편지를 부치고, 집에 와서 9시에 서오성(徐五星) 씨를 방문하고 손(孫)비와[182] 배익조(裵益祚) 조사(助師)와 김동선(金東先) 조사와 황보(皇甫) 조사의 월[급]을 받고,[183] 이 조사의 봉급은 맥분(麥粉)[184] 인편으로 부치고[付送], 10시 반에 웅양(熊陽) 가서 신복열(申福悅)의 혼인식을 하고, 오후 4시에 읍내 도착하여 사진을 찍고[박고], 5시에 집에 와서 서오성 씨를 방문하고, 저녁을 먹고 아이들에게 소설[185]을 하고, 서책을 보고 일기를 쓴 후 잠을 자다. 마로덕(馬路德) 서신이 오다[來]. 박영근(朴永根) 곡조 찬송가 1권[책] 동(소) 1원 59전, 전세(田稅)[186] 2원 서부인(徐夫人) 주고, 영환이가 열기가 대단하다.

1월 30일 [수]

순행(巡行)[187]

【수신】 김준기(金準基)[188]

내신(來信)

---

182. 손(孫)은 한자 '비'는 한글로 되어 있다. '손비'가 사람 이름인지 확실하지 않다.
183. 월급을 받아서 나누어 주었다는 의미로 생각된다.
184. 맥분(麥粉)은 밀가루를 뜻한다.
185. 아이들에게 했다는 소설(小舌)의 국어 사전적 의미는 '하찮거나 쓸모없는 변설(辯舌)'이다. 어린 자식들과 이런저런 이야기로 대화하였다는 뜻이다.
186. 전세(田稅)는 밭 세금이다.
187. 순행(巡行)이 오른쪽 난외(欄外)에 쓰여 있다.
188. 김준기 장로는 이자익 목사가 거창에 오기 전 목회한 김제 구봉리교회(현 원평교회) 초대 장로로 이자익 목사의 든든한 후원자였다.

【일기】

오전 7시에 일어나서 아침을 먹고, 주(朱) 장로[189]를 심방하고, 운송사(運送社)에 교회사기(敎會史記) 60책을 운임 1원 52전을 주고 찾고, 오후 2시에 이상직(李相直) 씨를 심방하고, 동(仝) 6시 10분에 안의(安義)에 가서 7시 50분에 예배당에서 마태복음(馬) 6장 1절~8절 "그리스도인의 은밀한 생활"이란 주제[문제]로 설교[강도]하다. 정팔현(鄭八鉉) 씨 방에 가서 단감[190]과 엿과 차를 먹고 영운(永運)[191] 군의 혼인 건에 관해 대화하다가, 11시 50분에 자리에 누워 자다. 정팔현 씨에게 교회사기(敎會史記)를 1책 팔다. 체증병(滯症病)으로 하루 1차(次)씩 죽만 먹고 있다. 영환이 병은 조금 낫다.

1월 31일 [목]

【일기】

오전 7시 30분에 일어나서 자동차를 타고 8시 20분에 거창(居昌)에 도착하여 집에 와서 아침에 죽을 먹고, 장에 가서 쌀 60되(升)에 15원 15전, 콩 10되(升) 1원 40전, 콩나물 60전, 송지(松枝)[192] 2원 20전, 장작 1원 25전, 명태(明太) 55전, 과자 13전, 서오성(徐五星) 씨를 방문하고 저녁에 숭늉밥[193]을 조금만 먹고, 보은(宝恩)이가 두통과 열기가 매우 심하다. 아스피린[외쓰푸린]을 조금 먹이고 밤을 경과하다.

---

189. 주남고 장로.
190. 일기에는 '밋감'처럼 보이는 글씨가 있는데 '감' 앞의 글자 해독이 어렵다. 2월 3일에도 '미감'처럼 보이는 글자가 있는데, 3월 29일에 '단감을 보은이를 주었다'는 기록으로 보아 단감으로 이해하였다.
191. 안의교회 정영운(鄭永運) 집사를 말한다.
192. 송지(松枝)는 소나무 가지이다.
193. 숭늉밥은 누룽지 밥이다.

10시 반에 자리를 펴고 잠을 자다./ 순행(巡行).

2월 1일 [금]
【발신】 배익조(裵益祚)
【수신】 예수교서[회]서 서적 통지가 오다.

【일기】

오전 7시 반에 일어나서 기도하고 아침에 연통[연돌]을 고치고 숭늉 밥을 조금 먹고, 아침 후에 주(朱) 장로가 내방(來訪)하다.[194] 같이 한영교, 이상직을 심방하고, 한명수를 심방하고, 황보 조사에게 12원을 김귀순(金貴順)에게 전하고, 집에 돌아와서 방을 수리 중 김선행(金善行), 신복열(申福悅) 군이 내방(來訪)하다. 정류소에 가서 정재경, 정태옥(丁泰玉)을 작별하고, 수임(枠任) 함목사(咸牧師)[195]를 만나서 서오성(徐五星) 댁에 와서 교회 형편을 담화하고, 안의지방(安義地方) 형편을 말하고 의논하다. 보은(宝恩)이는 종일 자리에 눕고 기동(起動)치 못하다. 8시 반에 집에 돌아와서 일을 하고 자리를 펴고 잠을 자다.

2월 2일 [토]
【발신】 김동선(金東先)

【일기】

오전 7시에 일어나 기도하고 방을 소제하다. 9시에 아침밥을 먹고 김

---
194. 주남고 장로가 집으로 찾아왔다는 뜻이다.
195. 함태영 목사.

동선(金東先) 씨에게 편지를 부치고[付送], 교회사기(敎會史記) 책을 가져오고, 군수(郡守)를 심방하러 갔더니 사퇴(舍退)[196]하고 없으므로 그냥 와서 면장(面長)을 방문하고, 한명수, 이상직 씨에게 사기(史記) 1책씩 팔고 한영교 씨 댁에 1책, 주 장로 댁에 1책을 두다. 곽남순(郭南順) 씨가 청2미(靑二尾)[197]와 조기[조구] 1마리를 가져오다. 파 한근 8전, 우육(牛肉) 40전을 사다. 이만균(李萬均)을 심방하다. 사기(史記)를 책방에다 갖다가 간수하다. 5시 반에 저녁[夕飯]을 먹고 9시에 자리를 펴고 잠을 자다. 수임(棩任) 함 목사(咸牧師)가 지방 사경[회]비 남 교역자비[198] 1명 40원 있는 것을 그의 산 책에 쓸 것을 말하다.[199]

2월 3일 [일]

【예기】 거창읍교회 새벽기도회 시작. 설교[강도]

【수신】 왕길지(王吉志), 예수교서회(耶蘇敎書會)

【일기】

오전 7시에 일어나서 기도하고 방을 청소[소제]하다. 9시 반에 아침을 먹고, 성경 여호수아[約書亞] 1장을 공부하고, 예배당에 와서 예배를 주관[主張][200]하고 오후 1시에 폐회하고, 이상직(李相直), 원주

---

196. 사퇴(舍退)는 관사에서 나가고 없다는 뜻이다.
197. 청어(靑魚) 2마리.
198. 사경회 남자 교역자 참가비를 의미하는 것 같다.
199. 함태영 목사가 남 교역자 참가비 1명분(40원)을 그의 책 산 것에 보태겠다는 뜻인지, 의미 파악이 어렵다.
200. 예배를 '주장(主張)하다'는 말은 예배를 '주관(主管)하다'의 뜻이므로 이때의 '주장(主張=자기의 의견을 내세움)'은 '주장(主掌=어떤 일을 책임지고 맡음)'의 오기(誤

선(元周先), 이영근(李永根)을 방문하고 점심을 먹고 유성순(柳成順), 고성애(高成愛), 윤위호(尹謂胡)를 방문하고, 서오성(徐五星) 씨 댁에 편지를 하여 맛있는 단감[201] 7개를 구하여 보은(宝恩)을 먹이다. 중환이가 콩나물 동이를 깨뜨려서 방 안에 물난리를 만나다. 6시에 저녁을 먹고 가족[眷屬][202]과 같이 마가복음 1장 20~28절을 보고 기도회를 보다. 왕길(王吉) 노목사(老牧師)에서 등기우편[書留]이 오고, 예수교서회에서 편지(書信)가 오다. 일기를 쓰고 9시에 자리를 펴고 잠을 자다.

2월 4일 [월]

【수신】 배익조(裵益祚), 정팔현(鄭八鉉)

【일기】

오전 6시 반에 일어나서 가족[권속] 예배를 보고, 청소[소제]를 하고 세수를 하고 9시에 아침을 먹고, 우편소에 가서 소포를 찾고, 왕길(王吉) 목사에게서 온 돈[金] 10원을 찾고, 보통학교[203]에 가서 입학증서를 갖다가 면장(面長)의 인증을 받아 학교에 접수를 시키고 보은이 심상소학교 입학을 부탁하고,[204] 집에 와서 서 부인(徐夫人)을

記)로 보인다.
201. 일기에는 '미감'처럼 보이는 글씨가 있으나 '감' 앞의 글씨 해독이 어렵다. '단감'으로 옮겼다. 3월 29일에도 보은에게 단감을 사다 주었다는 기록이 있다.
202. 권속(眷屬)은 식구 또는 가족이란 뜻인데, 요즘 교회에서도 같은 교회 식구라는 의미로 사용한다.
203. 보통학교는 오늘날의 초등학교에 해당하는 일제강점기의 명칭이다.
204. 이 일기에는 '보통학교'와 '심상소학교'라는 명칭이 같이 나오므로 이해의 혼선을 주고 있다. 이자익 목사가 차녀 보은(宝恩)의 입학을 위해서 보통학교에 가서 입학증서를 받아 면장의 인증을 얻어 학교에 접수 시키면서 보은의 심상소학교 입학을 부

심방하고, 장판을 붙이고 벽에 도배[도벽]205를 할 때 한영교 집사가 오셔서 면려회와 사경회 때[時] 음악회 할 것을 의논하다. 6시 반에 윤한선 조사가 오셔서 같이 저녁을 먹고 20분간 휴식 후 다시 도배[도벽]를 하고, 방이 차서 나가서 장작불을 지피고[모히고] 11시에 자리를 펴고 잠을 자다. 정팔현(鄭八鉉), 박종원(朴鍾原) 조사에게 [보낼] 서신을 준비하다.

2월 5일 [화]

【수신】 왕길(王吉) 목사, 정팔현(鄭八鉉), 박종원(朴鍾原), 김선정(金宣正)

탁했다는 것이다. 몇 가지 의문점이 발견된다. '심상소학교'는 1938년 전까지 일본인이 다니던 학교 명칭이었으므로 조선인이 다니던 '보통학교'와는 다른데 여기서는 구분 없이 두 명칭이 혼용되고 있다. 그런데 3월 16일 자 일기에 보면, "보은이가 심상소학교 고등과 시험하고 입학허가를 득(得)하다."라는 기록이 있다. 따라서 차녀 '보은'(宝恩)은 1929년에 보통학교 과정을 마치고 고등과에 입학한 것이다. 당시 보통학교는 4년제이고 심상소학교 고등과는 2~3년 제였다.(위키백과/ 심상소학교) "당시 조선인이 다니던 보통학교도 4년제로 시작했다가 1922년 제2차 조선교육령 이후 심상소학교와 동일한 6년제로 연장되었다. 그러나 모든 보통학교가 6년제로 연장되지는 않았는데, 농촌 지역의 경우 읍내의 1개교만 6년제로 바뀌고 나머지 학교들은 점진적으로 변경되었기 때문에, 이때 4년제 보통학교를 졸업한 학생은 중학교 진학 이전에 6년제 보통학교의 5학년으로 편입해야 했다."(나무위키/보통학교) 조선인 학생 '보은'(宝恩)이 어떻게 일본인 학생이 다니는 심상소학교 고등과에 입학할 수 있었는지는 여전히 의문으로 남는다. 가족의 증언에 의하면 당시 12살의 보은(宝恩)은 어린 나이에도 일본어에 능통했으므로 심상소학교에 입학하는 데 무리가 없었을 것이라고 한다.(이자익 목사 외손녀, 이보은의 차녀 장은옥의 증언, 2024.12.17. 녹취) 아니면 이자익 목사가 조선인 학교인 보통학교의 5학년 편입을 심상소학교라고 했을 수도 있다.

205. 도벽(塗壁)은 도배(塗褙)와 같은 말이다.

【일기】

오전 6시 반에 일어나서 가족[眷屬] 예배를 보고 아침에 청소를 하고 아침을 먹고, 서오성(徐五星) 씨에게서 20원 사경비(査經費) 들어오다.[入] 유기도(柳基道) 씨에게 25원 안의(安義)에서 보낸 것을 받음.[入] 김항욱(金恒昱) 씨에게 3원을 받다.[入] 사경회 장작 3원, 집[家] 16원 59전 들어옴.[入] 김상순(金尙淳)에게 5원을 주다.[下] 신생(新生) 잡지를 받고 5시에 저녁을 먹고 10시에 자리를 펴고 잠을 자다. 시장에 가서 3시간을 일을 보다. 나무와 장보기를 하다.[206]

2월 6일 [수]

(난외 윗부분) 신학교 입학 서류
(난외 오른쪽 부분) 추홍구(秋弘求)[207] 꿀값[價] 1원 60전을 주다.

【예기】 신학교 입학시험, 서부인(徐夫人) 방[方][208]
【발신】 라부열(羅富悅) 교장에게 등기우편[書留]
【수신】 희순(希順)

【일기】

오전 6시 반에 일어나서 기도회를 하고, 7시 5분에 이(李) 권사 집에

---

206. "시장에 가서 3시간 일을 보고 땔감으로 쓸 나무를 사고 장을 보았다."라는 기록은 "잠을 자다" 뒤에 쓴 것으로 보아, 일기를 다 쓴 후 나중에 생각나서 끝에 첨가한 것으로 보인다.
207. 추홍구는 가천교회 교인으로 심익순 선교사의 전도로 예수를 믿었다.
208. 영어의 'room'을 뜻하는 '방'의 한자어는 '房'인데, 여기서는 모방의 '方'을 사용하였다. 이것은 일본식 관행이었다. 서오성 선교사 방에서 신학생 입학시험을 치르게 한 것 같다.

가서 김만일(金萬一) 목사에게 편지를 전하고, 9시에 아침을 먹고 9시 40분에 서오성(徐五星) 씨 방에 가서 기도하고 입학시험을 시키다.[209] 먼저 산술 후 지리[디理],[210] 작문(作文)을 시키니 오후 5시 50분이더라. 교장(校長)에게 편지를 준비하여 가지고 바로 우편소에 가서 등기우편(書留)으로 부치고[付送],[211] 집에 와서 저녁을 먹고 예배당에 가서 기도회를 하고, 고장환[212]과 대전(大田) 위산[213]을 90전 주고 사고, 진아빵[214] 10개 20전을 주고 사가지고 오다. 김상순(金尙淳) 가게[전방][215]에서 흑향목(黑香木) 20자[尺], 향목(香木) 4자[尺], 옥

---

209. 서오성(徐五星) 선교사 방에서 누가 신학 입학시험을 보았는지 알 수 없다. 7일에도 "신학생 입학시험"이라는 기록은 있지만 그 대상을 밝히지 않았다. 이 일기에는 신학교 입학시험에 관한 단서가 될 만한 기록이 1월에 세 번 나오는데, 1월 2일 자 일기에 "라부열 목사에게 회답을 하고 신학생 입학시험 보는 것을 [정]하다."라고 하여, 이자익 목사가 평양신학교 교장 라부열 목사와 거창에서 신학생 입학시험 보는 것을 논의하고 허락을 받은 것 같다. 1월 10일 자 일기에는 "김병찬 씨 신학(神學) 문답할 것을 권면하다."라고 되어 있는데, 이자익 목사가 함양읍교회 영수 김병찬에게 신학교 시험 볼 것을 권면하였다는 기록이다. 1월 21일 자에는 "신학교장의 등기우편[書留]을 받다."라는 기록이 있는데, 이는 신학교 입학 시험지를 받은 것 같다. 그리고 2월 6일 신학생 입학시험을 서오성 선교사 방에서 치렀다는 것이다. 그러므로 일기 내용상으로는 김병찬 영수가 신학교 입학시험을 본 것 같다. 1929년 당시 이자익 목사는 경남노회 부노회장(노회장 함태영 목사)과 평양신학교 이사직을 맡고 있었고, 이전 해인 1928년에는 노회장(부노회장 주기철 목사)이었다.
210. 지리(地理) 과목.
211. 신학생 입학시험을 거창에서 보게 하고, 그 결과를 평양신학교 라부열 교장에게 등기우편으로 보냈다는 뜻이다.
212. 고장환(固腸丸)은 설사를 멈추게 하는 알약 이름이다. 지금의 정로환 같은 모양이다.
213. '대전(大田) 위산'의 위산(胃散)은 가루로 된 위장약이다. 대전(大田)은 상표 이름인 것 같다.
214. '진아빵'이 당시 빵의 한 종류인지 상표인지 확실하지 않다.
215. 전방(廛房)은 '전빵'이라고 발음하며, 저잣거리의 규모가 조금 큰 점포를 의미한다.

향목(玉香木)[216] 3자[尺], 면(綿) 2장대(二丈大)[217] 3합(三合)[218] 만(萬)[219] 3원 입금[入]. 일기를 쓰고 10시에 자다.

2월 7일 [목]

【예기】 신학생 입학시험, 서부인(徐夫人)[220] 방[方]

【수신】 정팔현(鄭八鉉)

【일기】

오전 6시에 일어나서 가족과 같이 예배를 보고 9시에 아침을 먹고, 서부인 집에 가서 심방하고, 시장에 가서 쌀 12되(升) 3원 12전 주고, 감자 30전 주고, 송지(松枝)[221] 55전 주고, 소포(小包) 찾고 자동차 정류소에 가서 편지 온 것을 물어보고, 집에 와서 공부를 하다가[222] 저녁을 먹고, 공부를 하다가 10시에 자리를 펴고 잠을 자다.

2월 8일 [금]

【발신】 정팔현(鄭八鉉), 윤산온(尹山溫),[223] 배익조(裵益祚)

---

216. 흑향목(黑香木), 향목(香木), 옥향목(玉香木)은 옷감 종류로 보이나 정확한 의미 파악이 어렵다.
217. 丈(장)은 길이의 단위. 1장은 10자이고, 약 3미터(m)이다.
218. 세 가지 합계
219. 삼합(三合) 뒤의 만(萬)처럼 보이는 한자의 해독이 어렵다. 너무 많은 금액이므로 돈의 단위는 아닌 것 같다.
220. 서부인은 서오성 선교사이다.
221. 소나무 가지
222. 설교 준비를 위한 성경을 연구했다는 의미이다.
223. 윤산온(尹山溫)은 1905년에 내한한 미국 선교사 매큔(George S. McCune, 1873~1941)의 한국명이다. 그는 평양 숭실학교 교장을 역임하였다. 105인 사건으로 일제에 의해 고난을 당했으며, 신사참배 반대로 1936년 숭실학교 교장직을 박탈당

【수신】예수교서회(耶蘇敎書會) 소포래축(小包來祝),²²⁴ 정팔현

【일기】

오전 6시 반에 일어나서 가족예배를 보고 청소[소제]하고 아침을 먹고 소뼈(牛骨)을 고고[고으고]²²⁵ 불을 때다. 위병으로 종일토록 고생을 하다.²²⁶ 사사기(士師記) 공부를 저녁 11시 반까지 준비하고 11시 반에 잠을 자다.

김이정(金以正)에게 편지를 부치다. 이영근(李永根) 씨가 와서 예배당 옆집을 살 것을 말하고 가다.

2월 9일 [토]

【발신】김준기(金準基), 김만기(金萬基), 윤산온(尹山溫) 전보(電報)

【수신】 김선행(金善行), 박종원(朴鍾原), 윤산온(尹山溫) 전보(電報)

【일기】

오전 6시 반에 일어나서 기도하고 청소를 하고 아침을 먹고, 서[오]성²²⁷ 방에 가서 윤한선 씨와 등사하는 것에 관하여 말을 하고, 읍(邑)에 나가서 자동차 정류소에 반지(半指)를 찾아다가 이상직 씨 댁

하고 미국으로 귀국하였다.
224. 소포래축(小包來祝)은 소포로 축하를 전해왔다는 뜻이다.
225. '고다'는 고기나 뼈 같은 것을 무르거나 진액이 빠지도록 끓는 물에 푹 삶는 것을 뜻한다.
226. 일기에는 "위병으로 고생을 종일토록 고생을 하다."라고 고생이란 단어가 두 번 반복되어 있다.
227. 한자 서오성(徐五星) 중 五자가 빠져 있다.

에다 맡기고, 한명수 씨 댁에 가서 돈[金] 8원을 대용(貸用)하려다가 못하고 돌아오다. 이만균(李萬均) 댁에서 김항욱(金恒昱) 씨를 방문하고, 김만일(金萬一) 목사 댁에 가서 만나보고자 갔더니 아니 와서 헛걸음[許行][228] 하다.

우육(牛肉) 60전. 윤산온(尹山溫) 목사에게 오후 7시 반에 전보를 하고, 8시에 김만일 씨를 방문하고 9시에 돌아오다. 아내[室人]가 밤에 많은 고생을 하다. 영환(榮煥)이가 밤에 설사를 하다. 10시 반에 자리를 펴고 잠을 자다.

2월 10일 [일]

【일기】

오전 6시 반에 일어나서 기도하고 9시에 아침을 먹고, 예배당에 가서 예[배][229]를 보고 청빙(?)[230] 위원회로 모이다. 아내를 간호하다.

2월 11일 [월]

【일기】

오전 6시 반에 일어나서 기도하고 소제하고 아침을 먹고, 맥계익(麥啓益) 심방. 이상직을 심방하고 구형서를 심방하고, 등사판[231]을 얻

---

228. 허행(許行)은 虛行(=헛걸음)의 오기(誤記)인 듯하다.
229. 자필 일기에는 예배의 '예'에 해당하는 '례'만 있다.
230. '험빈'처럼 보이는 이 부분의 글씨 해독이 어렵다.
231. 등사판은 등사기라고 하는데 예전에는 이것으로 교회 주보를 만들고 각종 문서를 제작했다. 파라핀을 먹인 기름종이인 등사 원지(原紙)를 '가리방'이라는 철판에 대고 철필로 긁어 글씨를 쓴 뒤 이것을 등사판에 걸고 기름 잉크를 묻힌 롤러로 밀면 종이에 글자가 찍혀 나온다. 오늘날 컴퓨터로 출력한 문서까지도 '유인물(油印物)'이라고 하는데, 이는 기름 잉크 묻은 롤러를 밀어 등사판으로 인쇄한 문서라는 데서 유래한 말이다.

고, 한명수 씨 댁에 가서 점심을 먹고 오후에 집에 와 공부 준비와 회의 일정표[회표]232를 만들고, 5시에 한영교 씨 댁에 가서 저녁을 먹고, 정거장에 가서 차표를 부탁하고, 봉환이 오는가 기다리다가 아니 와서 그대로 와서 아내 눈에 약을 넣고, 일정표[회표]를 준비하고, 메밀묵을 먹고서 잠을 자다. 11시에.

2월 12일 [화]

【예기】 거창지방(居昌地方) 제직사경회(諸職査經會)

【일기】
오전 6시 반에 기도하고 사경회 준비를 하다. 기명233 사고 윤(尹) 목사를 영접하고, 예배당에 가서 기도회[기회]를 하고, 교사회를 모여서 의논을 하고 돌아오다. 위병(胃病)과 감기가 심하다.

2월 13일 [수]

【일기】
오전 5시에 새벽기도회를 하다. 네 반으로 나누어 가르치다.[교수를 하다].

소화(昭和) 15년 12월 지(至) 동(冬) 16년234.

---

232. 회표(會表)는 회의할 일정표를 의미한다.
233. 기명은 한글로 기록되었으나 그릇을 의미하는 기명(器皿)이라고 생각된다. 사경회 준비를 하는 중에 그릇을 샀다는 말이 들어 있어서 문맥상으로는 어색하다.
234. 소화(昭和) 15년(1940년) 12월부터 16년(1941년)까지라는 뜻이다. 소화(昭和)라는 글씨부터 일기 끝까지는 잉크색이 확연히 다르게 선명하여 앞의 문장과는 다른 때에 쓰인 것으로 보인다. 1929년에 쓴 일기에 추가하여 1940년 12월에 이 부분 이하를 이어 쓴 것 같다

1. 신문지 550원

1. 약품(?)²³⁵ 450원

1. 비료 520원 75전

1. 인부대(人夫代) 150원

1. 김(金) 씨 40원

12월 1일 현재

2월 14일 [목]
【일기】

오전 6시 반에 일어나서 기도하고 사경회 교수하다.²³⁶

2월 15일 [금]
【일기】

동(소) 동(소) / 저녁[夕]에 매견시(梅見施),²³⁷ 맹호은(孟皓恩)²³⁸을 청하여 만찬을 접대하고.

---

235. 약품(藥品) 같으나 두 글자 중 앞의 글자 해독이 어렵다.
236. 사경회를 인도하며 성경을 가르쳤다는 뜻이다.
237. 매견시(梅見施, 1865~1956)의 본명은 제임스 맥켄지((James N. Mackenzie)이다. 1910년 호주 장로교 선교사로 부산에 와서 선교와 교육과 의료 봉사를 통해 선교하였다. 매견시는 부산과 경남지역의 52개 시골 교회를 방문하며 전도하였고, 특히 한센병 환자들을 돌보고 치료하였다.
238. 맹호은(孟皓恩, 1884-1973)의 본명은 프레데릭 존 맥레(Frederick J. L. Macrae)이다. 1910년 호주선교회의 파송으로 조선에 온 그는 진주, 거창에서 선교사로 활동하다가 1915년부터 마산 창신학교 교장으로 마산지부에서 활동하였다. 신사참배를 반대하다가 1940년 추방당했다.

2월 16일 [토]

【일기】

동(소) 동(소) / 서오성(徐五星), 맥계익(麥啓益), 윤산온(尹山溫) 씨를 청하여 만찬을 대접하다.[239]

2월 17일 [일]

【일기】

동(소) / 거창[居][240] 예배당에서 예배하고 연보(捐補)를 하는데 4백 70여원을 하다.[241]

2월 18일 [월]

【수신】 봉환(奉煥)

【일기】 동(소) 동(소)

2월 19일 [화]

【예기】 거창지방 제직사경회 종료(居昌地方 諸職査經會 終)

2월 20일 [수]

【발신】 함태영(咸台永)

【수신】 봉호(奉鎬)

---

239. 이자익 목사는 15일 매견시, 맹호은에 이어 16일 서오성, 맥계익, 윤산온 등의 선교사들과 계속하여 저녁을 먹으며 모임을 가졌다는 기록이다.
240. 일기에는 거(居)라는 글씨만 있다.
241. 모인 교인들이 낸 헌금(연보)이 합계 470여 원이라는 뜻이다.

【일기】

위천(渭川)교회 가서 송학준(宋鶴俊), 조상준(曺相晙) 학습 세우고 요한복음(約) 3장 16절, "믿는 이치(理致)가 유호(有乎)."[242] 신병(身病).[243] 오전 6시 반에 김동선(金東先) 조사와 같이 금정의원(金井醫院)에 가서 김동선(金東先) 씨 수술을 하고.

2월 21일 [목]

【발신】 이봉호(李奉鎬), 희순(希順), 여전수(呂傳帥)[244]

【일기】

동(소) / 신창(愼昌)[245] 재방문. 김 조사와 같이.

2월 22일 [금]

【발신】 봉호(奉鎬), 희순(希順), 여전수(呂傳帥)
【수신】 신학교교장(神學校校長)

【일기】

송지(松枝) 90전 신경어[246] 22전, 멸치 20전, 해의(海衣)[247] 30전,

---

242. 유호(有乎)는 "있도다."의 뜻이다. 요한복음 3장 16절을 본문으로 "믿는 이치가 있도다"라는 주제로 설교하였다는 뜻이다.
243. 몸에 생긴 병. 감기 등으로 병을 얻었다는 뜻.
244. 세 사람의 이름을 썼다가 X표로 지웠다.
245. 신창은 예전의 거창군 웅양면 신창리(新倉里)인데, 愼昌(신창)으로 한자를 잘못 쓴 것 같다. 지금은 웅양면 신촌리(新村里)로 통폐합되었다.
246. 신경어는 물고기 이름 같으나 정확한 뜻을 알 수 없다.
247. 해의(海衣)는 바다풀이라는 뜻인데 '김'을 의미한다.

14전 능금, 여 사경회 기도회 인도(女査經會祈禱會引導)
라부열(羅富悅) 목사에게서 편지 옴[來信]²⁴⁸

2월 23일 [토]

【예기】 합천읍내(陜川邑內) 부흥회²⁴⁹

【일기】

안의읍(安義邑)/ 순행(巡行).

2월 24일 [일]

(난외 오른쪽) 동(소)

【일기】

안의(安義) 예배당에서 로마서 11장 36절, 12장 2절, 예배 절차.
사근(沙斤) 이인조(李仁祚) 씨를 방문하고, 오후 4시에 거창행 자동차, 5시 50분에 집에 오다.
윤위출(尹謂出), 신성재(愼省在), 김만일(金萬一), 황기주(黃奇周) 내방(來訪).

2월 25일 [월]

【일기】

오전(午前) / 신병(身病)²⁵⁰

---

248. 내신(來信)은 편지가 왔다는 뜻이다.
249. 썼다가 줄로 지음.
250. 26~28일까지 일기가 없는 것으로 보아서 감기나 위병을 얻어 며칠 고생한 것 같다.

2월 26일 [화] ~ 2월 28일 [목]

【일기 분실(紛失)】

3월 1일 [금]

(난외 오른쪽) 순행(巡行).

【일기】

진주(晉州) 성경학교에 가서 조승제,²⁵¹ 함태영, 류(柳) 목사²⁵²를 만나서 담화하고, 수임(梛任) 함(咸) 목사를 만나서 교회사(敎會事)²⁵³를 의논하고 함태영(咸台永) 목사와 같이 노회사(老會事)²⁵⁴를 의논하고, 마산관(馬山館)에 가서 저녁을 먹고, 성경[학원] 학생을 방문하고 성경학교 기숙사에 와서 쉬어서 자려고 할 때, 교회 장로가 다과와 냉면(冷麪) 가져와서 먹고 11시 반에 자리 펴고 잠을 자다.

---

251. 조승제 목사는 경남 사천 출생으로 전남노회 노회장, 한국기독교장로회 총회장, 한신대학교 이사장을 역임하였다. 1949년 제35회 총회 때 경남노회 분규를 해결하기 위한 별위원(別委員) 중 한 사람이었다. 일제강점기 말인 1943년 '일본기독교 조선장로교단'이라는 어용 교단 창설에 협력한 친일 행적으로 비난의 대상이 되었다. 이자익 목사가 거창에 있을 때는 김해와 동래에서 목회하고 있었다.
252. 이자익 목사는 3월 1일 진주성경학교에 참석하였고 많은 교계 지도자들과 담화를 나누었던 것 같다. 당시 강사는 김만일, 주기철, 함태영, 조승제 목사와 라이트(예원배), 커닝햄(권임함) 선교사였다. 이자익 목사는 기도회를 인도하였다. 여기서 이름을 언급한 조승제와 함태영은 강사였지만, 류 목사는 누구인지 확실하지 않다. 당시 류씨 성을 가진 사람은 「신생(新生)」 잡지를 창간한 류형기 목사뿐임으로 그를 만난 것 같다. 이자익 목사는 류 목사의 「신생(新生)」 잡지 구독자였는데, 류 목사는 감리교 소속이지만, 잡지 홍보차 진주성경학교 모임에 내려온 것 같다. (강사 명단에 관해서는 『경남(법통)노회 100년사』, 같은 책, 145쪽 참조.)
253. 교회에 관한 일.
254. 노회에 관한 일.

3월 2일 [토]

【발신】 희순(希純)

【일기】

오전 6시에 일어나서 기도하고 아침에 박창근(朴昌根), 최성준(崔成俊) 씨를 방문하고 박창[근] 씨를 5원 학비를 주고, 10시에 배돈병원[255]에 가서 합천(陜川) 자동차표를 부탁을 하고, 11시 10분에 성경학[교] 기도회를 인도하고, 함 목사와 같이 사관에 와서 쉬어서, 오후 3시에 자동차로 합천에 동(소) 6시에 도착하여 김상규, 김성호 장로를 심방하고, 배익조 조사 댁에 와서 저녁을 먹고 잠을 자다./ 순행(巡行).

3월 3일 [일]

【일기】

오전 6시 반에 일어나서 기도하고 세수를 하고, 김 장로[256] 댁에 가서 아침을 먹고, 11시에 예배당에 와서 예배 인도하고 마태복음[馬] 13장 '미새야나라도 못한 도리'[257]라는 주제[문제]로 설교[강도]하고 12시 반에 예배를 마치고, 오후 1시 반에 점심을 먹고 휴식하고, 저녁[夕飯]을 김상규 씨 댁에서 먹고, 7시 반에 예배당에 가서 예배를 보고, 제직회로 모여서 5월 3일부터 6일까지 주일학교 강습회[主敎講習會]를 하기로 결정하다.

---

255. 배돈병원(培敦病院)은 1913년 진주에 호주 선교사들이 설립한 최초의 근대식 병원이다. 호주 여전도회의 지원을 받아 지었고, 호주의 유명한 여선교사 패튼(Mrs. M. W. Paton)의 이름을 음역해 배돈병원이라 하였다.
256. 합천읍교회 김성호 장로.
257. 이 설교 제목이 무슨 뜻인지 해독이 어렵다.

숙소에 와서 11시에 잠을 자다./ 순행(巡行).

3월 4일 [월]

【예기】합천읍교회(陝川邑敎會) 부흥회(復興會) 시작(始作)

【수신】김진기(金鎭基), 장문태(張文太)

【일기】

오전 5시 반에 일어나서 기도하고 세수를 하고, 아침을 배 조사 댁에서 먹고, 교우를 심방하고, 점심을 김 장로 댁에서 먹고, 신상규(申祥圭) 씨를 만나보고, 정류소에 가서 송 목사(宋牧師)[258]와 배 조사(裵助師) 모친을 환영하고, 김 장[로] 댁에 와서 저녁을 먹고, 예배당에 가서 예배를 인도하고, 김 장로 댁에 와서 휴식하다가 10시 반에 잠을 자다.

장닭 1마리[首][259]

1원 5전./ 순행(巡行).

3월 5일 [화]

【발신】장문춘(張文春) 조사(助師)

【수신】아희생활,[260] 남궁혁(南宮爀)[261] 목사

---

258. 1월 18일에 기록된 송관범 목사로 추정된다.
259. 수탉 한 마리. 수(首)는 머리 수이고, 1수는 한 마리를 뜻한다.
260. '아희생활'은 어린이 잡지 이름이다.
261. 남궁혁 목사는 미국 프린스턴 신학교와 유니온 신학교에서 공부하고 한국인 최초로 신학박사 학위를 받았다. 그는 1916년 광주북문안교회(현 광주제일교회) 제3대 목사로 목회하였고, 1932년 제21회 장로교 총회장으로 선출되었으며, 평양신학교 최초의 한국인 교수로 가르치기도 하였다. 한국 최고의 석학이었던 그는 안타깝게

【일기】

오전 4시에 일어나서 새벽기도회를 보고 아침에 세수를 하고 아침[조반]을 먹고, 예배당에 가서 공부를 하고, 12시에 와서 점심을 먹고, 오후 2시 반에 공부하고, 4시에 이석순(李石順) 모친을 방문하고, 윤지현(尹芝賢) 댁에 가서 사진을 찍고[박고], 김상규(金祥圭) 집사 댁에서 저녁밥을 먹고 예배당에 가서 예배를 인도하고, 사관에 와서 10시 50분에 잠을 자려고 하나 불면증으로 자지 못하다./ 순행(巡行).

3월 6일 [수]

【발신】 희순(希順)
【수신】 김동선(金東先)

【일기】

오전 4시에 일어나 예배당에 가서 기도회를 하고, 7시에 사관에 와서 세수하고 성경 보고, 희순(希順)에게 편지를 써서 배 조사(裵助事)에게 10원을 빌려서[貸用하여] 희순에게 부치고, 아침에 김상규 댁에서 아침을 먹고, 예배당에 와서 공부를 하고, 12시에 사관에 가서 닭 한 마리 1원 50전을 주고 사다. 김상규(金祥圭) 씨 댁에서 점심을 먹고, 오후 2시 반에 예배당에 가서 4시 반까지 공부를 하고, 이상득(李相得) 씨 댁에서 저녁을 먹고, 7시 반에 예배당에 가서 예배를 보고 사관에 와서 11시에 자리에 누워서 잠을 자다./ 순행(巡行).

도 1950년 8월 공산군에 의해 납북된 후 행방불명이 되었다.

3월 7일 [목]

【예기】 거창읍교회 부흥회 시작(居昌邑敎會 復興會 始作)/ 교역자회 시작(敎役者會 始作)

【수신】 김상식(金相植)

【일기】

오전 7시에 일어나서 기도하고, 8시 반에 자동차로 12시에 거창에 와서 여행 짐[行具]과 닭은 집으로 부치고, 은행에 가서 16원을 찾아 가지고 5원 22전을 주고 쌀 10전[어치]을 사고, 송지(松枝) 60전, 콩잎 90전, 청어(靑魚) 50전, 파 10전.

5시에 구례인(具禮仁)[262] 목사를 영접하여 서오성(徐五星) 댁으로 인도하고, 저녁을 먹고 구(具) 목사와 같이 예배당에 가서 잠언 4장 23절[263] '네 마음을 지키라'는 주제[문제]로 설교[강도]하고 9시에 집에 돌아와서 11시에 잠을 자다.

3월 8일 [금]

【일기】

6시에 일어나서 기도하고 청소를 하고 양 우리에 가서 보니 새끼를 3

---

262. 구례인 선교사의 본명은 존 C. 크레인(John Curtis Crane, 1888~1964)이다. 미국 유니온신학교를 졸업하고 목사가 되었으며, 1913년 부인 플로렌스(Florence Hedleston)와 함께 미국 남장로회 선교사로 내한했다. 순천 매산 학교를 설립하고 교장으로 활동하면서 여러 교회를 세우고 순회 목회를 하였다. 1930년 신약성서 개역 위원으로 활동하였으며, 1937년 신사참배 거부로 매산 학교가 폐교된 후에는 평양신학교 교수로 활동하다가 1938년 귀국, 1946년 다시 내한하였다가 1957년 은퇴 후 미국으로 돌아갔다.

263. "모든 지킬 만한 것 중에 더욱 네 마음을 지키라 생명의 근원이 이에서 남이니라."(잠4:23)

마리[首] 낳았다.²⁶⁴ 아침을 먹고 예배당에 가서.

3월 9일 [토]
【일기 빈칸(空欄)】

3월 10일 [일]
【발신】희순 전보 발신[發]
【수신】희순 전보 도착[着]

【일기 빈칸(空欄)】

3월 11일 [월]
【예기】오후 3시 반 평양(平壤) 출발

【일기】
신병(身病).²⁶⁵
구례인(具禮仁), 김만일(金萬[一]),²⁶⁶ 오형선(吳亨善) 저녁[夕반]²⁶⁷

---

264. 이자익 목사가 양을 키운 것 같다.
265. 몸에 생긴 병.
266. 김만일(金萬一) 목사의 이름 중 마지막 글자(一)를 쓰지 않았다.
267. 세 사람과 같이 저녁을 먹은 것 같다. 그러나 '예기' 난의 평양 출발 일정과는 맞지 않는다. '일기' 난의 내용이 우선이므로 이자익 목사는 평양행을 취소한 것 같다. 이틀 뒤(13일)에 평양신학교의 남궁혁 교수와 라부열 교장의 편지를 받았다는 '수신' 난의 기록도 이를 증명한다. 10월 7일 기록에는 이자익 목사가 평양으로 가서 여러 날 머무르며 평양신학교 관계자들을 만난 내용이 있다.

3월 12일 [화]
【일기】
동(소)/ 독감/ 이종행(李宗行) 18, 9, 27 미불조(未佛條)[268] 70원 구(舊) 8월까지.

3월 13일 [수]
【예기】 ~~오후(午後) 4시 반~~[269] / 신학교 ~~이사회~~ 졸업(神學校 理事會 卒業)

【수신】 남궁혁, 라부열

【일기】 동(소)

3월 14일 [목]
【예기】 거창읍 부흥회 종료[終]/ 오후 4시 반 신학교 이사회

【일기】 동(소)

3월 15일 [금]
【예기】 동(소)

【발신】 함태영(咸台永). 배익조(裵益祚)

【일기】 동(소)

---

268. 미불조에서 '조'는 지불하지 않은 항목을 말한다. 미불(未佛)은 未拂(미불)의 오식인 듯하다. 원래는 미불조(未拂條)인데 일기에는 條를 약자화 해서 인변(亻)을 빼고 썼다. 원래 인변이 없는 '조'는 옥편에도 나오지 않는 글자인데 일본인들의 관행대로 약자화해서 쓰는 습관이 있었고 이자익 목사도 이렇게 쓴 것 같다.

269. '오후 4시 반'과 '이사회'는 썼다가 줄을 그어 지웠다. 남은 글자는 '신학교 졸업'이다.

3월 16일 [토]

【예기】 금성(金城)성서공회[270] 권서[271]

【발신】 이자민(李慈旻), 김준기(金準基), 봉호(奉鎬), 봉환(奉煥)

【수신】 이자민(李慈旻)

【일기】 동(소)/ 보은(宝恩)이가 심상소학교 고등과 시험 보고 입학 허락을 받다.

3월 17일 [일] ~ 3월 18일 [월]

【일기 분실(紛失)】

3월 19일 [화]

【예기】 전주행(全州行)[272]

【일기】

오전 7시에 일어나 기도하고 아침에 소제하고, 행구(行具)를 수습하고 밥을 먹고, 서오성(徐五星) 씨를 방문하고 이자민(李慈旻) 씨를

---

270. 당시 조선성서공회(현 대한성서공회)를 이자익 목사가 금성성서공회로 적은 것 같다. 금성성서공회라는 공식 명칭은 없었다. '금성(金城)'은 본래 '임금님이 거처하는 성(城)'이라는 뜻으로 경주나 경기도 광주를 일컫는 말이기도 하였다. 해방 직후에는 서울을 상징하는 의미로 '금성'을 붙인 상호(商號)가 많이 생겼다. 조선성서공회가 서울에 있으므로 당시에 그렇게 불렀던 것 같다.
271. 권서는 매서(賣書)라고도 하는데 성경과 종교 서적을 파는 사람을 말한다. 성서공회에 소속되어 있었고, 선교사들의 관리를 받았다.
272. 부산행(釜山行)이라고 썼다 지우고 전주행(全州行)이라고 썼다. 이자익 목사는 전주여사경회(全州女査經會) 강사로 초빙되어 전주에서 3월 29일까지 설교하고 기도회를 인도하였다.

장립[273] 하기로 결정하다.

10시 반에 자동차로 김천 와서 희순(希順) 아이[兒]와 같이 특급을 타고, 오후 1시 40분 대전(大田) 와서 호남선을 갈아타고, 이리역(裡里驛)에서 오덕근(吳德根)[274] 장로를 만나고, 경편차[275]로 7시 15분에 떠나 9시에 전주역(全州驛)에 내리니 배은희(裵恩希),[276] 김가전(金嘉全),[277] 김경생(金慶生), 강순길(姜順吉), 이자민(李慈旻), 봉호(奉鎬)[278]가 환영하다. 미순회[279] 자동차로 김준기(金準基)[280] 댁에서 유(留)하다. / 김영준(金榮準) 환영.[281]

3월 20일 [수]

---

273. 이 부분의 글씨가 겹쳐 쓰여 있어서 불분명하지만, '장립'이 맞는 것 같다.
274. 오덕근은 전북 고창에서 출생하였다. 1912년 이리 고현교회 초대 장로가 되었다.
275. 경편차는 경편열차라고도 하는데 궤도가 좁고 규모가 작은 기차를 말한다. 보통 3칸 정도를 달고 시속 40km 이하로 달린다.
276. 배은희(裵恩希) 목사는 경북 경산 출신으로 평양신학교 재학 시절 삼일운동을 주도하여 고난을 당했다. 경주교회와 전주 서문밖교회를 목회하였다. 신사참배를 반대하며 항일운동을 하였다. 해방 후 정계에 진출하여 1952년 제2대 국회의원에 당선되었다.
277. 김가전(金嘉全)은 평양신학교를 졸업하고 목사가 되었다. 전주에서 삼일운동을 주도한 서문밖교회 김인전 목사의 동생이다. 전주 신흥고등학교 교목으로 성경을 가르쳤으며, 전북 도지사를 역임하였다.
278. 봉호는 이자익 목사의 둘째 아들인데 당시 16세였고, 전주에서 아버지를 만났다는 기록이다.
279. '미순회'는 '미션회' 즉 선교회를 의미한다. 미션(mission)을 '미순'이라고 적었다. 왕길지 선교사의 편지에는 선교회를 '미슌회'라고 표기하였다. (양명득 편저, 『호수선교사 겔슨 엥겔』, 고양, 나눔사, 2023, 362쪽.)
280. 김준기는 이자익 목사가 목회하던 김제 구봉리교회 장로이다. 그는 1929년 당시 전북노회 재단 서기로 일했는데, 전주의 자기 집을 사무실 겸 거주지로 하여 살고 있었다.(주명준, 같은 책, 256쪽.)
281. '김영준(金榮準) 환영' 부분은 일기 하단 난외(欄外)에 쓰여 있다.

【예기】 ~~신학교 이사회(神學校 理事會) 오전 9시 평양신학교(平壤神學校)~~[282]

【일기】

아침을 먹고 9시에 성경학원에 가서 10시 40분부터 50분간 교수하고, 11시 50분부터 경건회를 인도하고, 오후에 각 선교사를 심방하고, 최의덕 목사[283] 별세하신 부고를 받다. 저녁 8시에 성경학[원]에 가서 마태복음[馬] 16장 26절[284]을 보고 설교[강도]하고, 9시 반에 대정(大正)여관으로 와서 휴식하다. 서오성 씨 전보를 받다. 이승훈(李昇薰)[285]씨에게와 홍종필(洪鍾弼)[286] 씨에게 편지를 부치다.

3월 21일 [목]

【예기】 전주여사경회(全州女査經會)

【일기】

오전 10시 40분에 요한복음을 가르치고, 박세리 집에서 점심밥을 먹

---

282. 이 부분 전체를 썼다가 줄을 그어 지웠다.
283. 최의덕(본명 테이트, Lewis Boyd Tate, 1862~1929) 목사는 이자익을 전도하여 예수 믿게 한 미국 남장로회 소속 선교사이다. 그는 1929년 2월 19일에 미국에서 사망하였는데, 그의 사망 소식을 이자익 목사가 한 달 늦게 3월 20일에 들었다는 기록이다.
284. 사람이 만일 온 천하를 얻고도 제 목숨을 잃으면 무엇이 유익하리요. 사람이 무엇을 주고 제 목숨과 바꾸겠느냐.(마16:26)
285. 한자 이름으로 보아서 오산학교 교장 남강 이승훈 장로 같다.
286. 홍종필(洪鍾弼, 1887~1935) 목사는 강원도 평해 출신으로 군산 개복동교회 장로였다가 1923년 평양신학교를 졸업하고 목사가 되어 모교회(母敎會)인 개복동교회 목사로 사역하였다. 1923년부터 1929년까지 총회 임원으로 활동하다가 1930년 43세의 젊은 나이에 제19회 총회장에 선출되었다.

고, 8시에 성경학원에 가서 예배를 인도하고, 대정여관(大正旅館)에 와서 잠을 자다./ 이승훈(李昇薰) 씨에게.

3월 22일 [금]

【예기】 여사경회(女査經會), 경건회, 저녁기도회

【일기】
오전 9[시] 40분 성경 교수하고, 서문외(西門外) 예배당[287]에 가서 신흥학교(新興學校)[288] 졸업식에 참[석]하고, 저녁[夕]은 이승한(李承漢) 씨 댁에서 먹고, 8시에 성경학원에서 예배 인도하고 11시에 잠을 자다.

3월 23일 [토]

【일기】
동(소) 동(소)/ 과자 2원 30전

3월 24일 [일]

【일기】
원평(院坪)가서 / 여호수아[約書亞] 1장
오후 1시 곽(郭) 목사[289] 전별식(餞別式)에 참여하다. 5시에 떠나서

---

287. 서문외교회는 서문밖교회이며 지금의 전주 서문교회의 옛 이름이다.
288. 신흥학교는 1900년 미국 남장로회 이눌서(윌리엄 레이놀즈) 선교사가 전주에서 학생 김창국을 가르치는 것으로 시작한 학교이다. 교명을 처음에 '예수학교'로 했다가 1908년 신흥학교로 바꿨다.
289. 곽 목사는 이자익 목사 후임으로 구봉리교회(현 원평교회) 3대 담임목사가 된 곽진근(郭塡根)이다. 그는 1926년 9월부터 1929년 3월까지 구봉리교회 담임목사로 사역하다가 전주 완산정교회(현 전주완산교회)로 옮겼다. 이 일기에서 이자익 목사는

동(소) 6시에 와서 완산정교회(完山町敎會)에서 베드로전서[전벳] 2장 21절[290] 설교[강도]하다.

3월 25일 [월]

【일기】

사경회[査] 교수/ 경건회/ 저녁 예배 인도/ 이승한(李承漢) 씨 댁에서 저녁을 먹고.

3월 26일 [화]

【일기】 동(소) 동(소) 동(소)

3월 27일 [수] ~ 3월 28일 [목]

【일기 분실(紛失)】

3월 29일 [금]

【예기】 전주여사경회(全州女査經會) 종료[終]

【일기】

오전 12시에 마치고, 오후 1시에 원장 댁에서 점심을 먹고, 오후 7시에 김준기(金準基) 장로 댁에서 저녁을 먹고 여관에 와서 잠을 자다. 장판 10매(枚) 9원 50전, 또(又) 2매 1원 90전, 지우산(紙雨傘)[291] 3개

3월 24일(주일) 곽진근 목사 전별식(구봉리교회)에 참석하고, 이어서 완산정교회로 가서 설교했다고 되어 있다. 곽진근 목사는 1940년 제29회 장로교 총회장에 선출되었는데, 후에 친일행각으로 비난의 대상이 되었다.

290. 이를 위하여 너희가 부르심을 받았으니 그리스도도 너희를 위하여 고난을 받으사 너희에게 본을 끼쳐 그 자취를 따라오게 하려 하셨느니라.(벧전2:21)

291. 지우산(紙雨傘)은 기름종이로 만든 우산이다.

(介)²⁹² 2원, 미나리 50전. 전익선(全益先)을 찾아서 한주수(韓州洙) 부탁한 돈[金] 7원을 전하고, 보은(宝恩)이 [줄] 단감을 사다 75전.²⁹³

3월 30일 [토]

【일기】

오전 8시에 김준기(金準基) 장로 댁에서 아침[조반]을 먹고, 9시 10분에 기차를 타고, 기차에서 수임(槲任) 함(咸) [목사]를 만나서 함태영 목사에게 편지를 전하다.²⁹⁴ 김천역(金泉驛)에 오후 4시 15분에 하차(下車)하여 거창행 자동차로 동(소) 6시 50분에 거창에 도착하니 정류소에 집의 아이들이 나와서 기다리다. 집에 가서 저녁밥을 먹고 잠을 자다.

3월 31일 [일]

【일기】

오전 7시에 일어나서 기도하고 세수를 하고 9시에 아침밥을 먹고, 11시에 예배당에 가서 예배를 인도하고, 오후 1시에 집에 와서 점심을 먹고, 오후에 아이들을 관사(館舍)에 보내고 7시에 저녁을 먹고 집을 지키다. 가족은 예배당에 가다. 9시에 잠을 자다.

4월 1일 [월]

【일기】

---

292. 개(介)는 個(개)의 오식(誤記)이다. 당시 일본식 표기이다.
293. 일기에는 "단거 감을 사다"로 되어 있다. 차녀 보은이에게 줄 단감을 75전 주고 샀다는 의미이다.
294. 함태영 목사 이름이 반복되지만, 함 목사를 만나 편지를 전했다는 뜻이다.

오전 7시에 일어나서 기도하고 세수[洗禮]²⁹⁵하고 8시에 아침을 먹고, 중환(中煥)²⁹⁶이를 보통(普通)학교에 입학시키고 보은(宝恩)이를 심상소학교에 입학을 시키다. 최 목사(崔牧師) 부인과 최부인(崔夫人)에게 편지를 부치다.²⁹⁷ 라부열(羅富悅) 목사에게 편지를 부치고, 서부인(徐夫人)에게 38원 40전을 받아서 금성예수교서회(金城耶蘇敎書會)²⁹⁸에 5원 40전을 부치고, 이자민(李慈旻)씨 3원 주고, 우육(牛肉) 95전. 양순옥(梁順玉)을 전별하고, 황기주(黃奇周) 씨가 내방(來訪) [하다].

4월 2일 [화]

【일기】

오전 7시에 일어나서 세수하고 8시 반에 아침을 먹고, 봉호(奉鎬),²⁹⁹ 봉환(奉煥),³⁰⁰ 황보기(皇甫琪) 씨에게와 정인과(鄭仁果)³⁰¹씨에게 편지를 부치다. 책포(冊布) 29전, 자동차 2원.

---

295. 일기에는 세례(洗禮)라고 쓰여 있으나 의미상으로는 세수라고 해야 문맥상 맞다. 잘못 쓴 한자 같다.
296. 이중환은 이자익 목사의 4남이다.
297. 최 목사 부인이라는 말이 반복되는데, 이는 최의덕 목사의 소천 소식을 3월 20일에 접하고 이에 대한 위로의 편지를 미국에 있는 최 목사 부인 잉골드 선교사에게 보낸 것으로 생각된다.
298. 당시 조선예수교서회(현 대한기독교서회)를 이자익 목사가 금성예수교서회(金城耶蘇敎書會)라고 쓴 것 같다.
299. 이봉호는 이자익 목사의 차남이다.
300. 이봉환은 이자익 목사의 장남이다.
301. 정인과(鄭仁果, 1888~1972) 목사는 일제강점기 조선예수교장로회 총회장, 기독교신문협회 회장 등을 역임하였다. 본명은 정의종(鄭顗鍾)이며 본적은 평안남도 순천(順川) 출신이다. 1937년 수양동우회 사건 전까지는 조선 독립을 위해 헌신하였으나, 이후 친일 행위에 앞장서 비판을 받았다.

12시 반에 점심을 먹고, 3시 20분에 42호 차를 타고 합천으로 가다. 묘산(妙山)³⁰²서 2시간 휴식하고, 합천읍에 6시 50분에 도착하여 김상규(金祥圭) 씨 댁에서 저녁[夕반]을 먹고, 예배당에서 기도를 인도하고, 데살로니가전서[전살] 5장 21~22절.³⁰³ 강 영수(姜領袖) 댁에서 짐을 자다.

이[此] 일기는 3일[자]에 기록할 것.³⁰⁴ / 순행(巡行).

4월 3일 [수]

【일기】

~~오전 7시에 일어나서 기도하고 8시 반에 김 장로 댁에서 아침을 먹고 9시 반에 도동(道洞)을 출발하다. 11시 40분에 예배를 보고 오후 1시에 발정(發程)하여 합천을 3시에 오다. 사경회 할 것을 의논하다.~~ ³⁰⁵ / 순행(巡行).

4월 4일 [목]

【일기】

오전 7시에 일어나서 기도하고, 동(소) 8시에 김 장로³⁰⁶ 댁에서 아침을 먹고, 9시 반에 도동(道洞)³⁰⁷을 가서 12시에 예배를 보고 오후 1

---

302. 경상남도 합천군 묘산면.
303. 범사에 헤아려 좋은 것을 취하고 악은 어떤 모양이라도 버리라.(살전5:21~22)
304. 이 지시 글과 함께 화살표가 3일 자 일기 난으로 표시되어 있다. 이 일기 내용은 3일에 있었던 일을 2일 자 난에 잘못 적은 것이다.
305. 3일 자 일기 내용 전체를 X표 줄을 그어 지웠다. 3일 자 일기 내용은 4일 자 일기와 비슷하다. 즉, 3일 자 난에 잘못 적었다가 나중에 수정하여 4일 자 일기 난에 적은 것이다.
306. 합천읍교회 김성호 장로.
307. 도동교회가 있는 도동(道洞)은 합천군 양산면에 속한 마을이었는데, 1914년 행정

시에 예배를 마치고 사경회 할 것을 결정[작정]하고, 오후 1시 10분에 발정(發程)[308]하여 오다. 가남정이[309] 고개에서 이종완(李鍾完) 씨를 만나고 이석순(李石順)을 방문하고, 4시에 김상규(金祥圭) 씨 댁에서 휴식하고, 6시 윤지현(尹芝賢) 댁에서 저녁[夕飯]을 먹고, 김 장로 댁에서 저녁에 자다./ 순행(巡行).

4월 5일 [금]

【일기】

오전 7시에 일어나서 기도하고 세수하고, 8시 반에 강만달(姜萬達) 씨 댁에서 아침[조반]을 먹고, 심방을 하다가 점심을 배익조(裵益祚) 씨 [댁]에서 먹고, 오후 1시에 도동(道洞)에 가서 심방하고, 오후 3시에 출발[發程]하여 동(소) 6시에 합천에 도착하여[310] 강 영수(姜領袖) 댁에서 저녁을 먹고 9시에 잠을 자다./ 순행(巡行).

4월 6일 [토]

【예기】합천읍교회(陜川邑敎會) 문답

 구역 개편 때 합천의 대목면과 양산면의 이름을 따서 대양면으로 통폐합되면서 지금은 대양면에 편입되었다. 거창군의 위천면과 주상면에도 도동리가 있다.
308. 발정(發程)은 '길을 떠나다'는 뜻이다. 이 단어로 미루어 보아 이자익 목사는 합천읍에서 10여km 떨어진 도동까지 걸어간 것으로 추정된다. 아침을 먹고 9시 반에 출발하여 12시 예배를 보았으니 무려 2시간 30분 남짓 걸어서 간 것이다.
309. 가남정(伽南亭)은 경상남도 합천군 야로면 하림리 751번지에 있다. 가남정은 서산 정씨 집안에서 4형제를 추모하기 위해 1919년에 세운 정자이다. 수령 450년 이상 된 느티나무가 있는데, 그 아래서 이자익 목사가 쉬었을 것이다.
310. 발정(發程)이라는 단어로 미루어서, 이자익 목사는 합천읍에서 도동으로 갈 때와 마찬가지로 돌아올 때도 도보로 3시간(오후 3시~6시) 걸려서 온 것으로 생각된다.

【발신】이순필(李順弼),[311] 김길창(金吉昌)[312]

【일기】

오전 7시에 일어나서 기도하고, 8시에 이용수(李龍守) 씨 댁에서 아침을 먹고 오전에 교회를 심방하고, 오후에 배익조(裵益祚) 조사 댁에서 문답을 하다.[313]
점심과 저녁은 정재학(鄭在學) 씨 댁에서 먹고./ 순행(巡行).

4월 7일 [일]

【일기】

레[利] 17장 34절,[314] "화목제"라는 주제[문제]로 설교[강도]하다. 성례를 설치하다.[315] 7인 학습, 5인 세례./ 오후 제직회.
김복용(金福龍)[316] 가정을 화목 시키고, 저녁에 고린도후서 13장 11절을 설교[강도]하고, 김 장로 댁에서 잠을 자다./ 순행(巡行).

---

311. 이순필은 마산 문창교회 장로였다가 1947년 마산교회를 분립 개척하였다. 그의 직업은 의사였다.
312. 김길창 목사는 경남노회 제20~21회(1925.12.~1927.1.) 노회장을 역임하였다.
313. 교인들 중 세례나 학습 문답을 한 것 같다.
314. 레위기[利未記]의 레[利]로 추정되는 첫 글자 성경 약자가 초서와 맞지 않아 해독이 어렵다. 17장이 34절까지 있는 성경 중에 화목제와 관련된 본문은 없다. 하지만 레위기 7장 34절에는 화목제에 대한 내용이 나온다. 레위기 7장 34절의 오식으로 보아 '레[利]'라고 해독하였다.
315. '성례전을 거행하다'라는 의미라고 생각된다.
316. 김복용(金福龍)은 1월 9일 자에 나오는 김복용(金福用) 군과 같은 사람이라고 생각된다. 둘 다 합천읍교회 교인이기 때문이다. 이름 끝의 한자가 서로 다른데 둘 중 하나를 이자익 목사가 잘못 쓴 것으로 보인다. 보통 사람 이름 끝에는 龍(용)을 더 많이 쓰므로 김복용(金福龍)이라고 추정된다.

4월 8일 [월]

【발신】 봉호(奉鎬)

【수신】 강운림(姜雲林),[317] 송학준(宋學準), 김창국(金昶國),[318] 고운준(高雲濬)

【일기】

오전 8시에 자동차로 거창(居昌)을 오다. 박창식(朴昌植) 씨에게 우체부에게 10전을 주고 편지를 보내다.

4월 9일 [화]

【예기】 함양(咸陽)

【수신】 예수교서회(耶蘇敎書會), 봉호(奉鎬) 전보.

【일기】

오전 6시에 일어나서 기도하고, 제등양(濟等洋) 유대(油代)[319] 1원 92전을 주고, 오후 3시 반에 함양행(咸陽行) 409호 자동차로 함양(咸

---

317. 강운림은 미국남장로회 소속 클라크(Monroe William Clark, 1881~1965) 선교사이다.
318. 김창국(金昶國) 목사(1884~1950)는 이눌서(레이놀즈) 선교사의 전도로 1897년 세례를 받고 예수를 믿었다. 그는 이눌서 선교사가 세운 전주 신흥학교 최초의 학생이었고, 평양의 숭실학교 졸업 후 평양신학교에 진학하여 1915년 졸업하고 그해 목사가 되었다. 목사가 된 후에는 익산과 제주에서 목회하였고, 제주의 삼일운동을 주도하였다. 그 후 광주로 올라와 1922년에는 금정교회(錦町敎會, 현 광주제일교회)의 제4대 담임목사가 되어 교회를 크게 부흥시켰다. 김창국 목사는 1924년 금정교회의 7개 구역 중 양림 구역만을 떼어서 양림교회(楊林敎會)를 분립 개척하였는데, 이때 그는 본교회인 금정교회 담임 목사 자리를 스스로 양보하고 개척한 양림교회의 목회를 자청하였다. 이는 주님의 목양 정신을 따른 그의 선한 결단이었다.
319. 유대(油代)는 기름값이다. 제등양(濟等洋)은 석유를 팔던 가게나 상표 이름인 것 같다.

陽)을 가다. 5시에 도착. 황보 조사 댁에서 저녁을 먹고, 고린도후서[후고] 13장 11절[320]을 해석 설교[강도]하고, 예배당 사무실에서 잠을 자다. 원주선(元周善) 씨 수박씨 값 50전을 황보 조사에게 전하다./ 순행(巡行).

4월 10일 [수]

【예기】사근(沙斤)

【발신】이창규(李昌珪),[321] 이홍식(李弘植)[322]

【일기】

아침 7시에 일어나서 기도하고, 김병찬(金柄贊) 씨를 방문하고, 아침을 사무실에서 먹고, 황보 조사와 같이 심방을 하고, 12시에 점심을 먹고, 사근(沙斤)으로 나아오다가 자동차를 타고 사근(沙斤)에 와서 심방을 하고, 이은옥(李恩玉) 집에서 저녁을 먹고 예배당에 가서 데살로니가전서[전살] 5장 21절~22절을 가지고 설교[강도]하고, 9시 반에 예배를 마치고 이인조(李仁祚) 씨 댁에 와서 잠을 자다./ 순행(巡行).

---

320. 마지막으로 말하노니 형제들아 기뻐하라 온전하게 되며 위로를 받으며 마음을 같이하며 평안할지어다. 또 사랑과 평강의 하나님이 너희와 함께 계시리라. 거룩하게 입맞춤으로 서로 문안하라.(고후13:11)
321. 이창규 목사는 충남 서천 출생이다. 전주성경학교를 졸업하고 마로덕 선교사를 도와 금산읍교회를 비롯한 여러 교회를 돌보는 순회 조사로 활동하였다. 1918년 평양신학교를 졸업한 후에는 익산 후리교회(현 이리제일교회) 목사, 제주도 선교사, 군산 구암교회 목사로 사역하였다. 1948년 군산영명중학교 초대 교장을 맡았고, 1959년 통합과 합동이 분열될 때 연동교회에서 통합 총회장으로 선출되었다.
322. 이홍식 목사는 1927년 평양신학교를 21회로 졸업하고 목사가 되었다. 거창읍교회 4대 목사로 사역하였고, 다른 자료에 소야교회 당회장이라는 기록도 있다. 1930년 소천하였다.

4월 11일 [목]

【예기】 개평(介坪)

【일기】

오전 7시에 일어나서 기도하고 8시에 아침을 먹고, 골로새서[골] 3장을 보고 기도회를 하고, 9시 반에 개평(介坪)으로 황보(皇甫) 조사와 같이 행(行)하여 오다. 11시에 와서 이종석(李鍾奭)[323] 씨 댁에서 점심을 먹고, 박창근(朴昌根) 씨를 만나고, 저녁은 고돌복 댁[324]에서 먹고, 8시에 예배를 인도하고 박창근(朴昌根) 씨가 요한복음 14장[325]을 보고, 설교하고 동(仝) 9시에 폐회하고, 동(仝) 10시 20분에 사무실에서 잠을 자다./ 순행(巡行).

4월 12일 [금]

【예기】 안의(安義)

【잡기(雜記)】[326] 이봉갑(李奉甲) 십환야(拾圜也)[327]

---

323. 1월 11일 자에 나오는 리종섭과 같은 인물로 생각된다. 둘 다 개평(介坪)교회 교인이기 때문이다. 4월 11일 자에는 한자가 분명히 나오기 때문에 '이종석'이 맞는 이름 같다.
324. 고돌복의 '고' 자에 지운 듯한 낙서가 있어서 해독에 어려움이 있다. '돌복 댁'으로 해석할 수도 있으나 '고돌복'을 교인 이름으로 보았다.
325. 일기에 요한복음 몇 장인지 명확하지 않다. 4(四) 앞의 숫자 표기가 10(十)에 다른 획이 섞여 있지만, 일기 전체에서 이자익 목사가 요한복음 14장 1절을 본문으로 자주 설교했기에 14장으로 해독하였다.
326. 4월 12일 이후의 일기는 잡기(雜記)이므로 교회나 사람 이름 등 중요 단어만 옮겨 적는다. 무엇을 계산한 것인지 알 수 없는 내용인데, 사람 이름과 숫자의 나열이 계속되고 있으며, 특별한 일과에 대한 기록은 없다. 아마도 교인들과의 성경, 찬송, 교회 생활용품의 거래나 헌금의 액수를 적은 것이 아닌가 생각되지만, 확실한 것은 알 수 없다. 이러한 현상은 8월 7일까지 이어진다. 그리고 8월 20일부터 12월 2일까지 짧은 내용의 일기가 기록되다가 12월 3일부터 다시 잡기장 수준의 내용이 나타나고 있다. 이 잡기(雜記)는 1929년이 아닌 그 이후의 기록으로 추정된다.
327. 환(圜)이라는 화폐단위가 이후에 계속 나오는 것을 보면 일기 중 잡기 부분은 1953

4월 13일 [토]

【예기】 성기(聖基)[328]

【잡기】 수오석 모친(株五石母) 3원야(也)

4월 14일 [일]

【잡기】

군산개복동교회(群山開福洞敎會) 여호수아[約書亞] 1장 강도
박판석(朴判石) 12원 14전[329]

4월 15일 [월]

【잡기】

광주금성여관 체류(光州錦城旅館留)[330] / 김복임(金福任) 5원야(也) /
5원 봉갑 처(奉甲妻)에게서

4월 16일 [화]

【예기】 1207

【잡기】

강습회 참여/ 치과에 가서 진찰/ 김창국(金昶國) 목사 방에서 체류[留][331]
장봉영 모친(張奉永母) 1원 80전/ 장상수 모친(張祥守母) 2원 15전

    년 이후 대전에서 쓴 것으로 보인다. 왜냐하면 환(圜)이라는 화폐는 1953년 이후에 통용되었기 때문이다. 10환야(拾圜也)는 '돈 10환이라'는 뜻인데 일기 중 4월 12일 이후 잡기(雜記) 부분의 여러 곳에서 나온다.

328. 경상남도 거창군 주상면 성기리. 성기교회.
329. 내용을 X표로 지웠다.
330. 내용을 줄로 그어 지웠다.
331. 여기까지는 쓰고 X표로 지웠다. 이후에 이어지는 잡기(雜記)도 썼다가 지웠다.

4월 17일 [수]

【예기】 발치[332]

【잡기】

장석규 모친(張石奎母) 8원 20전/ 김재근 댁(金在根宅) 1원

4월 18일 [목]

【예기】 발치

【잡기】

이재풍 댁(李在豊宅) 3원 80전/ 조병기 댁(趙並技宅) 5원/ 남은 돈(在) 27전

4월 19일 [금]

【잡기】

지명안 처(地明安妻) 5원/ 남은 돈(在) 1원 77전/ 김정근 댁(金正根宅) 6원

4월 20일 [토]

【잡기】

쌍용 자택(双龍自宅)/ 장재광 모친(張在光母) 1원 20전/ 변금묵 댁(卞金黙宅) 3원/ 이종행 처(李宗行妻) 3원 70전

4월 21일 [일]

【잡기】

---

332. 한글로 '발치'라고 쓰여 있다. 발치(拔齒)는 '이를 뽑다'는 뜻이다.

김용준 댁(金用準宅) 2원 40전/ 강인국 모친(姜仁國母) 2원

4월 22일 [월]
【예기】 본촌(本村)[333]
【잡기】
김현수 모친(金玄守母) 1원 60전/ 박재홍 모친(朴在弘母) 4원

4월 23일 [화]
【예기】 혁화(赫化)[334]
【잡기】
신문기 댁(申文己宅) 88전/ 최판암(崔判岩) 3원 24전/ 정태선(鄭太先) 2원

4월 24일 [수]
【예기】 원기동(元基洞),[335] 용평(龍坪)[336]
【발신】 용암(龍岩)[337]
【잡기】
최삼열 댁(崔三列宅) 3원 25전/ 박경원(朴京元) 2원 10전/ 이강직(李江直) 2원/ 최삼열 댁(崔三列宅) 5원 12전

---

333. 경상남도 사천시 곤명면 본촌리.
334. 혁화(赫化)는 적화(赤化)의 오기인 듯하다. 적화교회는 있지만 혁화는 지명도 교회명도 없다.
335. 원기동(元基洞)은 거창군 고제면 봉계리에 있는 마을이다. 원기동교회가 있었다.
336. 함양군 함양읍 용평리.
337. 거창군 가북면 용암리.

4월 25일 [목]

【예기】본촌(本村), 용암(龍岩)

【잡기】

김양록 댁(金良彔宅) 2원/ 김소례(金小禮) 2원 50전/ 김공운 댁(金公云宅) 4원

4월 26일 [금]

【예기】 거창(居昌) 용암(龍岩)

【잡기】

군산 김성삼 방문(群山金聖三訪問)/ 노정기(盧正基) 1원 60전/ 이상용(李尙龍) 32원 50전

4월 27일 [토]

【예기】용암(龍岩), 가조(加祚),[338] 회평(會坪)[339]

【발신】회평(會坪)

【잡기】

최영수 모(崔永栁母) 1원/ 김수복 댁(金水福宅) 1원/ 김철수 모(金哲守母) 1원 60전

4월 28일 [일]

【잡기】

이창래 댁(李昌來宅) 4원 40전/ 김순주 댁(金順州宅) 3원 57전/ 박경

---

338. 거창군 가조면.
339. 회평(會坪)이라는 지명을 거창 선교부 지역에서는 찾을 수 없다. 다만 이자익 목사가 거창에 오기 전 목회했던 수류면(=금산면)에 회평이라는 지명이 있다.

윤 댁(朴京允宅) 1원 20전

4월 29일 [월]

【예기】 용신(龍新), 자택(自宅), 나부골, 용계[340]

【잡기】

김태석(金太石) 1원 10전/ 수재규 댁(栐在奎宅) 2원 40전/ 김양록(金良彔) 25원

4월 30일 [화]

【예기】 회평(會坪), 두무산,[341] 와룡(臥龍),[342] 본촌

【잡기】 박동신 모친(朴同信母) 2원/ 이춘자 모친(李春子母) 5원

5월 1일 [수]

【예기】 독골,[343] 와룡(臥龍), 용암(龍岩)

【잡기】 김대욱(金大郁) 2원 40전/ 김대근(金大根) 5원, 1원 20전

5월 2일 [목]

【예기】 회평(會坪), 와룡(臥龍), 야로[랴로],[344] 관커(舘基),[345] 합천읍, 야로[랴로]. 자택(自宅), 본촌(本村)

【발신】 용신(龍新)

---

340. 합천군 합천읍 용계리(龍溪里).
341. 두무산은 경상남도 합천군 가야면에 있다.
342. 거창군 신원면 와룡리(臥龍里). 소야교회(와룡교회)가 있는 마을이다.
343. 독골은 경상남도 거창군 주상면 완대리(玩垈里)에 있는 마을 이름이다.
344. 경상남도 합천군 야로면(冶爐面).
345. 경상남도 합천군 묘산면 관기리.

【잡기】

이정구 댁(李正九宅) 2원 야(也)/ 조귀덕(趙貴德)) 6원 35전/ 이성근(李成根) 2원也

5월 3일 [금]

【예기】 부평(富坪)/ 합천읍내 교회 주교강습회, 청덕(靑德),[346] 안의(安義)

【잡기】

강복동(姜福同) 2원 부평/ 김동엽(金同燁) 3원 30전/ 고봉순 모친(高奉順母) 2원/ 김용준 댁편(金用準宅便) 3원

5월 4일 [토]

【예기】 월평(月坪),[347] 초계(草溪),[348] 도동(道洞), 서상(西上)[349]

【잡기】

장옥근 모친(張玉根母)) 1원 30전/ 김망례(金望禮) 3원/ 이종균(李宗均) 3원

5월 5일 [일]

【예기】 용평(龍坪), 도동(道洞), 청덕(靑德)

【잡기】

---

346. 경상남도 합천군 청덕면.
347. 경상남도 거창군 남상면 월평리.
348. 경상남도 합천군 초계면 초계리.
349. 경상남도 함양군 서상면. 서상교회(西上敎會)가 서상면 대남리에 있다.

김쾌남 댁(宅) 1원/ 박봉안 댁(朴奉安宅) 6원 15전/ 최경식(崔京植) 1원 60전/ 김남용 댁(金南用宅) 3원 25전

5월 6일 [월]
【예기】도동(道洞), 거창(居昌), 가천(加川)350
【잡기】
조귀덕(趙貴德) 12원 45전/ 신갑원(申甲元) 5원 50전/ 이한용(李漢用) 14원 80전

5월 7일 [화]
【예기】관기(館基), 초계(草溪), 자택(自宅)
【잡기】
이정구 댁(李正九宅) 3원/ 이춘자 모친(李春子母) 23원 15전/ 김주환 댁(金州煥宅) 4원 50전

5월 8일 [수]
【예기】위천(渭川), 가천리(加川里),351 안의(安의), 구원(旧原)352
【잡기】
김민두(金敏斗) 5원/ 고순자(高順子) 40전/ 김민두 댁(金敏斗宅) 1원 50전

---

350. 가천(加川)은 거창군 남하면 대야리(大也里)에 마을 이름이다. 가천교회는 1907년 심익순 선교사에 의해 시작되었다.
351. 경상남도 합천군 가야면에 가천리가 있다. 그런데 이자익 목사가 목회한 가천교회는 거창군 남하면 대야리(大也里) 가천마을에 위치해 있다. 가천리(加川里)라고 쓴 것이 어디를 말하는 것인지 확실하지는 않다.
352. 경상남도 합천군 가야면 구원리.

5월 9일 [목]

【예기】

안의 문답/ 와룡(臥龍) 2리(里), 개평(介坪), 안의(安義), 성기(城基), 羅福谷(나복곡).353

【잡기】

김종균(金宗均) 7원 96전/ 변경묵(卞京默) 10원 35전/ 이종행 모친(李宗行母) 3원

5월 10일 [금]

【예기】 사료(史料), 자택(自宅)/ 사근(沙斤), 거창(居昌)/ 미불(未佛)354

【잡기】

유만석 댁(柳萬石宅) 15원 50전/ 강기문 댁(姜基文宅) 5원/ 이창래 댁(李昌來宅) 1원

5월 11일 [토]

【예기】 안의 문답/ 와룡(臥龍), 와룡리 내동(臥龍里內棟), 함양(咸陽), 개평(介坪)

【잡기】

김종균 댁(金宗均宅) 10원/ 김용준 댁(金用準宅) 7원 60전

5월 12일 [일]

【예기】 오전 개평(介坪), 오후 1시 함양(咸陽)

---

353. 나복곡이 어디인지 찾을 수가 없다. 5월 16일에는 이와 비슷한 나복동(羅福洞)이 있다. 전북 완주군 화산면 와룡리에 나복동이 있지만 거창 선교지역이 아니다.
354. 지불되지 않은 금액.

【잡기】

조규덕(趙圭德) 5원 65전/ 강인동 댁(姜仁同宅) 2환야(二圜也)

5월 13일 [월]

【예기】 자택(自宅), 서상(西上)

【잡기】

김종균(金宗均) 10환야(拾圜也)/ 대수 모친(大桬母) 1원/ 김민두(金敏斗) 자부(子婦) 6원

5월 14일 [화]

【예기】 와룡(臥龍)

【잡기】 유만석 댁(柳萬石宅) 5원 12전/ 유만석(柳萬石) 5원 56전

5월 15일 [수]

【예기】 위천(渭川), 성기(城基)

【잡기】

김재근(金在根) 10원 70전/ 유만석(柳萬石) 6전 선화/ 정귀년 모친(丁貴年母) 1원

5월 16일 [목]

【예기】 가천(加川), 위천(渭川), 도동(道洞), 성기(城基), 나복동(羅福洞),355 거창(居昌), 위천(渭川)/ 7. 26일 이수(梨守)

---

355. 5월 9일 자에는 羅福谷(나복곡)이 있는데, 같은 지명이라고 생각된다. 지명의 위치를 알 수 없다. 전북 완주군 화산면 와룡리에 나복동이 있지만 거창 선교지역은 아니다.

【잡기】이한용(李漢用) 7원 56전/ 이판동 모친(李判同母) 30전

5월 17일 [금]
【예기】서상(西上), 도동(道洞), 성기(城基), 거창(居昌), 가천(加川)
【잡기】신갑원(申甲元) 10원 76전/ 이영자(李英子) 1원 17전

5월 18일 [토]
【예기】가천(加川)
【잡기】
김대욱(金大郁) 9원 24전/ 김양록 댁(金良彔宅) 10원/ 김정근(金正根) 2원 50전

5월 19일 [일]
【예기】청림(青林), 동(仝) 저녁[夕] 청림(青林)
【잡기】
최경식(崔京植) 7원 80전/ 김동엽(金同燁) 10원/ 조공덕 댁(趙公德宅) 12원 22원 3원

5월 20일 [월]
【예기】자택(自宅)
【잡기】장석규 모친(張石奎母) 3원 10전/ 진재섭 댁(陳在燮宅) 3원 50전

5월 21일 [화]

【예기】 와룡(臥龍)
【잡기】 정영례(丁永禮) 3원 10전/ 김용준(金用準) 5원 20전

5월 22일 [수]

【예기】 와룡(臥龍), 위천(渭川), 안의(安義)
【잡기】
박덕신 댁(朴德信宅) 매 5원/ 김명환(金明煥) 5원/ 김순주(金順州) 4원 17전

5월 23일 [목]

【잡기】 박화선 댁(朴化先宅) 5원/ 이정구 모친(李正九母) 3원

5월 24일 [금]

【잡기】
김민두(金敏斗) 10환야(拾圜也)/ 박덕술 댁(朴德述宅) 10환야(拾圜也)

5월 25일 [토]

【예기】 서상(西上)
【잡기】 안의(安義)/ 김공운 댁(金公云宅) 3원/ 김종균 댁(金宗均宅) 10원

5월 26일 [일]

【잡기】 박영남(朴永南) 7원 55전/ 변경묵 댁(卞京默宅) 8원

5월 27일 [월]

【잡기】 최판암(崔判岩) 3원 20전/ 신서방 댁(申書方宅) 3원 10전

5월 28일 [화]

【잡기】

전주(全州)/ 박봉안 댁(朴奉安宅) 1원 37전/ 김순주(金順州) 3원 50전

5월 29일 [수]

【예기】 청림(靑林)

【잡기】 김준기(金準基) 방 체류[方留]/ 김동엽(金同燁) 10원 75전

5월 30일 [목]

【잡기】 김병구 댁(金炳九宅) 20원

5월 31일 [금]

【잡기】 강인동(姜仁同) 16원 85전

6월 1일 [토]

【잡기】 이춘집(李春集) 8원/ 김만춘(金萬春) 6원

6월 2일 [일]

【잡기】 유만석(柳萬石) 19원 90전/ 박덕신(朴德信) 12원 50전

6월 3일 [월]

【잡기】 이의순(李義順) 10원/ 최삼열 댁(崔三列宅) 5원

6월 4일 [화]
【잡기】 최판암(崔判岩) 10원 45전/ 정순갑(鄭順甲) 3원 7전

6월 5일 [수]
【잡기】

박봉화 댁(朴奉化宅) 5원 40전/ 김공운(金公云) 15환야(拾五圜也)

6월 6일 [목]
【잡기】 조공덕 댁(趙公德宅) 6원

6월 7일 [금]
【잡기】 유만석 댁(柳萬石宅) 10원 59전

6월 8일 [토]
【잡기】 이공술 댁(李公述宅) 5원/ 김종균(金宗均) 3원 80전

6월 9일 [일]
【잡기】 이영자(李英子) 37원 92전

6월 10일 [월]
【잡기】

김종균(金宗均) 20환/ 조공덕(趙公德) 20환/ 김병오 모친(金丙午母)

4원 65전

6월 11일 [화]
【잡기】

김종윤 모친(金宗允母) 4원/ 박경윤 댁(朴京允宅) 4원/ 수재기 댁(洙在基宅) 1원

6월 12일 [수]
【잡기】

수재기 댁(洙在基宅) 3원/ 정금순(鄭今順) 10원/ 정순이(鄭順伊) 3원

6월 13일 [목]
【잡기】 김대욱(金大郁) 8원 40전/ 오수근 댁(吳水根宅) 4원 10전

6월 14일 [금]
【잡기】 김쾌남 댁 2원/ 장상수 모(張相守母) 1원 20전(壹円二十錢)

6월 15일 [토]
【잡기】 유만석(柳萬石) 1원/ 김오목이(金五目伊) 10환야(也)

6월 16일 [일]
【잡기】 정병진 댁(鄭丙眞宅) 40전/ 김공운 댁(金公云宅) 5원

6월 17일 [월]

【잡기】김종식 댁(金宗植宅) 50전/ 오영근 댁(吳永根宅) 5환야(也)

6월 18일 [화]
【잡기】김공운(金公云) 7원 95전/ 김정근(金定根) 10원

6월 19일 [수]
【잡기】김종균 댁(金宗均宅) 1원/ 유만석 댁(柳萬石宅) 5원 50전

6월 20일 [목]
【잡기】김공운 댁(金公云宅) 30전

6월 21일 [금]
【잡기】김요춘(金要春) 5원/ 오영규(吳永奎) 3원

6월 22일 [토]
【잡기】박만길 모친(朴萬吉母) 2원/ 김용준 댁(金用俊宅) 3원

6월 23일 [일]
【잡기】이주금(李州今) 2원

6월 24일 [월]
【잡기】강인동(姜仁同) 17원 27전

6월 25일 [화]

【잡기】 이택순 모친(李澤順母) 金10환也/ 이공술 댁(李公述宅) 50환也

6월 26일 [수]
【잡기】 김복임(金福任) 10환야(也)

6월 27일 [목]
【잡기】 나금돌(羅金乭) 30환也/ 김현수(金玄守) 5환

6월 28일 [금]
용계356

【잡기】 장석규 모친(張石奎母) 8원 30전

6월 29일 [토]
용계(龍溪)

【잡기】 오화영 댁(吳化永宅) 5원

6월 30일 [일]
【잡기】 정순이(鄭順伊) 3원

7월 1일 [월]
【잡기】 김봉운(金奉云) 40환也

---

356. 합천군 합천읍 용계리(龍溪里). [기온(氣溫)] 난에 써 있다.

7월 2일 [화]

【예기】 용계(龍溪)

【잡기】 김성순(金成順) 12원

7월 3일 [수]

【예기】 용계(龍溪)

【잡기】 박경춘(朴京春) 6원

7월 4일 [목]

【예기】 용계(龍溪)

【잡기】 김원숙(金元淑) 62전/ 윤덕선(尹德先) 3원

7월 5일 [금]

【잡기】 윤덕선(尹德先) 3원/ 조공덕(趙公德) 16원 40전

7월 6일 [토]

【잡기】 김공운(金公云) 12원 70전

7월 7일 [일]

【잡기】

이방춘(李方春) 자부(子婦) 10환야(也)/ 김기춘(金基春) 15원/ 김기춘(金奇春) 10원

7월 8일 [월]

【잡기】 변경묵 댁(卞京黙宅) 20환야(也)

7월 9일 [화]

20년[357] 인부선화(人夫先貨)[358]

【잡기】 이공술 댁(李公述宅) 金 10원

7월 10일 [수]

【잡기】 이영자(李英子) 43원 30전

7월 11일 [목] ~ 8월 6일 [화]

【일기 분실(紛失)】[359]

8월 7일 [수]

【잡기】 박덕신(朴德信) 12원 50전

8월 8일 [목]

【일기 빈칸(空欄)】

8월 9일 [금] ~ 8월 18일 [일]

---

357. 일기장 윗부분 난외(欄外)에 20년이라고 쓰여 있다. 소화(昭和) 20년(1945년)에 쓴 잡기이다.
358. '인부선화'(人夫先貨)는 "사람이 먼저이고, 물건은 그다음이다"라는 뜻이다. 물건보다 사람을 중시한다는 의미로 회사나 공동체의 표어로 쓰이기도 한다. 이것을 일기에 적은 이유는 알 수 없다.
359. 7월 11일~8월 6일 사이의 일기장은 분실되고 없다. 7월 10일 다음에 8월 7일로 넘어간다.

【일기 분실(紛失)】[360]

8월 19일 [월]
【일기 빈칸(空欄)】

8월 20일 [화]
【일기】

오전 12시 반 자동차로 김천행(金泉行). 일성여관(日成旅館)에서 휴식하고, 기차표를 사서 춘자(春子)를 보내고, 오후 3시 반 차로 함태영(咸台永) 목사와 동행하다가 대전역(大田驛)에서 하차.[361] 12시 군산역(群山驛)에 하차. 홍종필(洪鍾弼)[362] 목사 댁에 체류하다[宅留].

8월 21일 [수]
【일기】

이창규(李昌珪) 목사 방문 후 그의[수氏] 방에 체류[方留]하다.

8월 22일 [목]
【일기】

해수욕(海水浴)하고[363] 홍종필(洪鍾弼) 목사 방에서 체류하다[方留].

---

360. 8월 9일~8월 18일 사이의 일기장은 분실되고 없다.
361. 함태영 목사가 대전에서 내렸다는 의미이다.
362. 홍종필 목사는 군산 개복동교회 담임목사이다.
363. 해수욕을 했다는 말이 여기에만 나온다. 군산 앞바다로 생각된다.

8월 23일 [금]

【일기】

오전 10시 반 차로. 오후에 자택(自宅)

8월 24일 [토]

【일기 빈칸(空欄)】

8월 25일 [일]

【일기】

금산리(金山里)[364] 예배 인도

8월 26일 [월]

【일기】

자택(自宅)

8월 27 [화] ~ 28일 [수]

【일기 분실(紛失)】

8월 29일 [목]

【일기】

동(소)/ 생일[365]에 이호종(李昊鍾), 조영호(趙永浩),[366] 김윤하(金允

---

364. 금산리교회는 두정리교회의 다른 이름이고 현 금산교회를 말한다.
365. 이자익 목사의 생일이 1879년 7월 25일로 알려져 있는데 이는 음력 생일이다. 그런데 이 일기가 쓰여진 1929년 8월 29일이 음력으로는 7월 25일이다. 그러므로 8월 29일에 생일 축하를 받았다는 기록이다.
366. 조영호(趙永浩)는 조덕삼 장로의 장남이다. 금산교회 조영호, 이호종 장로가 참석

賀), 김진기(金鎭基), 김정래(金晶來) 참[석]

8월 30일 [금]
【일기 빈칸(空欄)】

8월 31일 [토]
【일기 분실(紛失)】

9월 1일 [일]
【일기】
구봉리교회(九峯里敎會) 예배 인도[367]

9월 2일 [월]
【일기 빈칸(空欄)】

9월 3일 [화]
【일기】
금성발(金城發) 국일여관(國一旅館) 체류[留][368]

9월 4일 [수]
【일기】

한 것으로 보아 1929년 8월 29일(음력 7월 25일) 생일 축하는 김제에 머무를 때 있었던 일이다.
367. 8월 25일에 금산리교회(현 금산교회)에 이어서 9월 1일에는 구봉리교회(현 원평교회)에서 주일 설교를 하였다. 이자익 목사가 거창에 오기 전 목회 했던 교회들이다.
368. 쓰고 지운 흔적이 있다. 같은 내용이 9월 4일 난에 기록되어 있다.

~~노화 회집~~ [369]

금성국일여관(金城國一旅館)에 체류[留]

9월 5일 [목]

【일기】

오전 10시 노회회집(老會會集)[370] 오후 8시 헌의부(獻議部)[371]

---

369. 4일자 '노회 회집'은 썼다가 줄로 지웠다.
370. 4일 자에 지운 '노회 회집'이라는 글씨가 5일에 기록되어 있다. 그러나 9월 5일에 회집된 경남노회는 없다. 그리고 9월 6일에 제18회 장로교 총회가 서울 새문안교회에서 열렸으니, 이 날짜에는 어느 노회도 회집 될 수 없다. 일기 전후 맥락으로 보아 추측건대, 이자익 목사는 9월 1일 김제 구봉리교회에서 설교하고 그곳에 머물다가 9월 4일 서울(경성)로 가서 금성국일여관에 숙박하였다. 그리고 총회 하루 전날인 9월 5일 총회 때문에 서울에 온 경남노회 총대들과 어떤 긴급한 안건 때문에 '특별노회'로 모인 것 같다. 노회가 9월 6일 오후 8시에 끝났다는 기록은 총회 시작 전까지 노회를 계속하였다는 의미이다. 1929년 18회 총회는 9월 6일 오후 8시에 개회하였기 때문이다. 이때 경남노회의 총회 헌의 안건은 다음과 같다: "경남노회에서 헌의한 유아세례인이 장성할 때까지 성찬 참여치 못한 자가 범죄하면 어떻게 처리하여야 좋을가 문의한 것에 대하여는 책망하여 회개치 아니하면 제명할 수 있는 것이오며".(조선예수교장로회총회 제18회 총회 촬요) 그런데 총회 전에 모였던 경남노회(1928년 12월 11일 부산진교회)에서는 이 총회 헌의 안건에 대한 기록이 없다. 따라서 이는 긴급 헌의 안건으로 총회 전날 모여 의결한 것으로 생각된다. 1929년 제18회 총회 경남노회 총대는 커닝햄(권임함), 맥켄지(매견시) 선교사, 함태영, 이홍식, 이자익, 김길창 목사, 금석호, 이순필, 주남고 장로였다. 당시 경남노회장은 함태영, 부노회장은 이자익 목사였다. (경남노회 총대 명단은 『경남(법통)노회』 100년사, 같은 책, 144쪽 참조.) 위의 '특별노회'는 경남노회사에 수록되지 않았고, 이 일기를 통하여 처음 알려지는 것이므로 중요하다. 참고로 경남노회는 1923년 9월 8일에도 신의주제일교회에서 개최된 총회 직전 오후 4시에 '특별노회'로 모였는데, 목사 5명, 장로 3명이 모여 노회상황보고서를 작성했다는 기록이 있다.(경남노회 촬요, 『경남노회100년사』, 대한예수교장로회 경남노회, 부산, 육일문화사, 2017, 191쪽.) 이 외에도 경남노회 촬요에는 1924년과 1928년에도 특별노회로 모였다는 기록이 있는데, 특별노회는 임시노회와 달리 총회 총대 몇 명이 모여 결의하는 형식이었다.
371. 헌의부(獻議部)는 노회 중에 의안(議案)을 내놓는 부서를 말한다.

9월 6일 [금]
【일기】
오전 헌의부(獻議部)
오후 8시 종회(宗會)

9월 7 [토] ~ 14일 [토]
【일기 분실(紛失)】

9월 15일 [일]
【일기】
안국동(安國洞)
저녁[夕] 연지동(蓮池洞)

9월 16일 [월]
【일기】
오전 8시 반 자동차로 오후 7시 전주(全州) 도착[着].[372]

9월 17일 [화]
【일기】
오후 자택(自宅)

9월 18일 [수]
【일기】

---

372. 당시 서울에서 전주까지 버스로 무려 10시간 30분이 걸렸다는 기록이다.

오전 최의덕(崔義德) 목사 추도회(追悼會).[373]

9월 19일 [목]

【일기】

자택(自宅)

9월 20일 [금]

【일기】

남원읍(南原邑) 황영환(黃永煥) 방에서 체류[方留].
김기준(金基俊) 댁 저녁[夕반].

9월 21일 [토]

【일기】

오후 5시 20분 자택(自宅).

9월 22일 [일]

【일기】

거창읍교회 여호수아(約書亞) 1장 7절.

9월 23일 [월]

【일기】[374]

---

373. 최의덕 목사는 2월 19일에 소천하였는데, 일기에는 3월 20일에 이자익 목사가 그 소식을 들었다고 되어 있다. 따라서 9월 18일 자에 추도회를 했다는 이 내용은 소천 날짜와 관계없이 추도회가 거행된 것으로 본다. 추도회 장소는 거창이지만 정확한 교회 이름은 알 수 없다. 거창읍교회라고 생각된다.

374. 23일 일기 내용은 잡기 수준이지만, 글씨가 또렷하고 정확하여 다른 잡기(雜記)와

송 장로(宋長老) 부인 3원/ 전점출(全点出) 씨 1원/ 쌀값(米代) 3원 60전/ 송지(松枝) 80전/ 소고기(牛肉) 2원 10전/ 잡용(雜用) 1원 10전

9월 24일 [화]
【일기】

적화(赤化)[교회],³⁷⁵ 요한복음 3장 16절, 20명 모임[會集]. 1원 20전 자동차, 30전 태비(駄費),³⁷⁶ 정인대(鄭仁大) 방에서 체류하다[留].
일백(壹百) 13원 31전 최 목사(崔牧師) 부인³⁷⁷에게서 온 돈 받다[入]. 재봉 기계 대금 112원 주다[下].

9월 25일 [수]
【일기】

원기동(元基洞) 정선봉(鄭善峰) 방에서 체류[方留]. 태비(駄費) 50전

9월 26일 [목]
【일기】 동(소)

9월 27일 [금]
【일기】

다르다.
375. 적화(赤化) 교회는 거창군 웅양면 한기리에서 1923년에 설립되었다. 적화면은 1914년 행정구역 개편 때 그 일부가 웅양면에 편입되었다.
376. 태비(駄費)는 탈 것에 대한 비용이란 뜻인데, 말을 타거나 기타 운송 수단을 이용한 것으로 보인다.
377. 2월에 소천한 최의덕 목사의 부인 잉골드(최부인)로부터 온 돈을 받은 것 같다.

노회, 50전 태비(駄費), 80전 차비,[378] 자택(自宅)

9월 28일 [토]

【일기】

성기(聖基) 60전 자동차

9월 29일 [일]

【일기】

성기(聖基)[교회] 신성옥(愼成玉) 세례, 마태복음[馬] 6장 18절. 노회 마 6장 18절.

9월 30일 [월] ~ 10월 1일 [화]

【일기 빈칸(空欄)】

10월 2일 [수]

【일기】

안의(安義)[교회] 문답하고, 90전 자동차, 안의(安義) 예배당(禮拜堂) 사무실 체류[留].
세 사람 세례 주고 1인 학습 세우고, 시편 1편, 성찬식 거행하다.

10월 3일 [목]

【일기】

개평(介坪)[교회] 문답하고, 도경자(都敬子) 세례 주고, 성찬식, 시편

---

378. 차비는 태비와 다르게 자동차 등 엔진에 의한 운송 수단에 든 비용을 의미한다.

1편, 1인 학습 세우고, 40전 자동차.

10월 4일 [금]
【일기】

사근(沙斤) 이인조(李仁祚) 방에서 체류[方留]. 마태복음[馬] 6장 18절. 30전 자동차.

10월 5일 [토]
【일기】

함양(咸陽)[교회]서 문답. 예배당 사무실에서 체류[留]. 세례 4인 주기로, 학습 1인 주기로, 신주수(新州洙) 씨 댁 점심[午]. 전재섭(全在涉) 씨 댁 저녁(夕). 30전 자동차.

10월 6일 [일]
【일기】

함양읍(咸陽邑)[교회] 마태복음 6장 18절, 시편 1편.

10월 7일 [월]
【예기】 평양(平壤)으로 출발
【일기】

1원 90전 자동차, 2원 68전, 14원 49전 차비(車比)[379]

---

379. 차비(車比)는 車費(차비)의 오기(誤記)이다.

10월 8일 [화]

【일기】

오전 6시 평양(平壤) 도착380

라(羅) 교장,381 남궁382 목사, 윤산온(尹山溫)383 목사 방문.

점심[午] 저녁[夕] 남궁 목사 댁, 신학교 기숙사에 체류[留].

10월 9일 [수]

【일기】

오전 9시 정식(定式) 연보위원회(捐補委員會) 회집[集], 점심[午] 이눌서(李訥瑞)384 목사 댁, 아침[朝] 저녁[夕] 남궁(南宮) 목사 댁/ 동(仝).

10월 10일 [목]

【일기】

강습회(講習會), 3식(三食) 남궁 목사 댁,385 / 동(仝).

10월 11일 [금]

【일기】

동(仝) 동(仝) 동(仝)/ 봉호(奉鎬) 3원.

---

380. 이자익 목사가 평양신학교 이사회에 참석하러 평양에 오는데 7일에 출발하여 8일에 도착하였으니 여행 시간이 하루 이상 걸린 것 같다.
381. 라부열 평양신학교 교장.
382. 남궁혁 평양신학교 교수.
383. 윤산온 평양 숭실학교 교장.
384. 이눌서 목사는 본명이 윌리엄 데이비스 레이놀즈(William Davis Reynolds, 1867~1951)이고, 미국 남장로교회에서 파송된 선교사로 성서 번역가, 교육자, 신학자로 활동하였다. 당시 평양신학교 교수였다.
385. 세 끼 식사 모두 평양신학교 교수 남궁혁 목사 집에서 했다는 의미이다.

10월 12 [토] ~ 13일 [일]
【일기 분실(紛失)】

10월 14일 [월]
【일기】

동(소) 동(소) 동(소)/ 신학교(神學校) 기본금 위원(基本金委員)

10월 15일 [화]
【일기】

동(소) 동(소) 동(소)/ 아침[朝], 저녁[夕] 남궁 목사

정식 연보위원(定式捐補委員) 오후[午] 2시, 5시

정 목사(鄭牧師) 36원 35전 들어옴[入]

이수현(李守鉉) 점심(午) 식사

10월 16일 [수]
【일기】

동(소) 동(소) 동(소)/ 점심[午] 한상용(韓相龍),[386] 내의(內衣) 5원

10월 17일 [목]
【일기】

동(소) 동(소) 동(소)/ 차재일 점심[午], 저녁[夕] 이안용(李顔容)

---

386. 이자익 목사가 평양에서 김제로 내려와 한상용 장로와 점심을 먹었다는 것이다. 그렇다면 전날(15일) 5시라는 기록은 이자익 목사가 김제행 기차를 탄 시간일 수도 있다.

10월 18일 [금]

【일기】

동(소) 동(소) 동(소)/ 11시 58분 [자동]차로, 사과 1원 50전, 1원 자동차.

10월 19일 [토]

【일기】

금성대흥여관에서 체류(金城大興旅館留). 박람회. 저녁[夕] 함태영(咸台永) 목사 댁.[387]

10월 20일 [일]

【일기】

동(소)/ 연지동(蓮池洞)교회 [설교] 마태복음[馬] 6장 18절

오후 함(咸) 목사 위임식(委任式)[388]

10시 반 김기준(金基俊) 내외 견송(見送)[389]

10월 21일 [월]

【일기】

동(소)/ 강운림(康雲林) 목사 댁 점심[午]. 김필수(金弼秀)[390] 목사 댁

---

387. 이자익 목사는 친구 함태영 목사 위임식에 참석하기 위해 19일 다시 서울로 가서 함 목사와 저녁을 먹었다는 기록이다.
388. 함태영 목사는 1929년 10월 20일 오후에 서울 연동교회 위임목사로 취임했다. 그리고 이날 주일 오전 예배 설교를 이자익 목사가 하였다는 기록이다. 함 목사는 이자익 목사의 절친한 친구였다.
389. 견송(見送)은 만나고 보냈다는 뜻이다.
390. 김필수 목사는 1872년 경기도 안성 출생이다. 이눌서 선교사의 어학 선생으로 활동하다가 예수 믿고 1909년 평양신학교를 2회로 졸업하였다. 전주 신흥학교 교사, YMCA 창립이사. 황성기독청년회 창립 위원, 기독신보, 예수교서회 편집자 등으로

방문. 허엽(許燁) 씨 방문. 한석진(韓錫晉)[391] 목사 댁 방문. 10시 반 차로

10월 22일 [화]
【일기】

오전 6시 김천(金泉) 도착[着]. 10시 거창(居昌) 도착[着]

10월 23일 [수]
【일기】

80전 자동차. 가조(加祚)[392]

1원 부역 대금. 최성환(崔成煥) 방에서 체류[方留]. 태비(駄費) 10전

10월 24일 [목]
【일기】

태비(駄費) 60전. 성기(城基)[393] 교회(敎會) 체류[留]

10월 25일 [금]
【일기】

활동하였다. 군산 개복동교회와 구암교회를 겸임하는 당회장, 전라노회 초대 노회장, 제4회 장로교 총회장(1915년)을 역임하였다. 1948년 76세로 소천하였다.

391. 한석진(韓錫晉, 1868~1939) 목사는 한국인 최초의 7인의 목사 중 한 사람이다. 평양신학교 1회 졸업생으로 1907년 목사 안수를 받았다. 1917년 총회장이 되었고, 조선예수교공의회를 창설하고 1926년 회장에 선출되었다. 이 일기가 기록된 1929년에 그는 총회수양관 건축위원장을 맡아 전국 교회를 순회하면서 모금 운동을 하고 있었다.

392. 경상남도 거창군 가조면.

393. 성기(城基)는 聖基(성기)의 잘못된 기록이다.

성기교회(城基敎會) 교회사기(敎會史記) 1권[책],
윤 조사(尹助師) 37원 봉급(俸給) 줌[下]
성경포럼 1책, 선다싱[산다싱] 1권[책], 찬송가 1권[책], [합] 2원 20
전[2.20], 50전 태비(駄費).[394]
예배당 사무실 체류[留], 박 집사 댁 점심[午], 저녁[夕] 창오(昌午) 댁.

10월 26일 [토]

【일기】

동원교회(洞原敎會)[395] 사기(史記) 1권[책], 배 영수(裵領袖) 댁 아침 식사[朝], 점심[午] 박 집사댁, 저녁(夕) 민경칠(閔敬七) 댁.

10월 27일 [일]

【일기】

아침[朝] 박창호(朴昌浩) 댁, 동원(洞原) [교회] 디모데전서 1장 19절.

10월 28일 [월]

【일기】

자택(自宅)

10월 29일 [화]

【일기】

---

394. 이 줄부터 잉크색이 선명하게 바뀌어 있다.
395. 동원교회가 어디에 있는지 알 수 없지만, 합천읍교회에서 멀지 않은 곳이라고 생각된다. 이자익 목사는 26일 아침을 합천읍교회 배익조 조사와 하고 저녁을 동원교회 민경칠 집사 집에서 한 후, 27일 동원교회에서 설교를 하였다. 다른 문헌에는 동원교회에 대한 기록이 없다.

합천읍(陜川邑), 강 영수(姜領袖)[396] 댁 체류[留]
2원 자동차, 10전 태비(馱費)

10월 30일 [수]
【일기】
동(소)/ 정재학(鄭在學) 씨 댁 체류[留]

10월 31일 [목]
【일기】
도동예배당(道洞禮拜堂) 체류[留]. 40전 자동차.

11월 1일 [금]
【일기】
오복동(五福洞), 초계(草溪)[397] 예배당 사무실 체류[留]. 60전 자동차

11월 2일 [토]
【일기】
초계(草溪)/ 동(소)

11월 3일 [일]
【일기】
동(소)/ 시편[詩] 1편 성찬[식][398]

---
396. 강만달 영수.
397. 경상남도 합천군 초계면 초계리.
398. 합천읍 초계교회에서 시편 1편으로 설교하고 성찬식을 거행한 것으로 보인다.

오후 합천읍(陜川邑) [교회] 제직회(諸職會). 60전 자동차

11월 4일 [월]
【일기】
자택(自宅) 오전 7시 반. 신병(身病). 2원 자동차, 태비(駄比) 10전

11월 5일 [화]
【일기】
안의(安義)[399]/ 동(仝)

11월 6일 [수]
【일기】
서상(西上)[400]

90전 안의(安義) 고린도후서[후고] 13장. 정팔현(鄭八鉉) 씨 댁 체류[柳]

11월 7일 [목]
【일기】
서상(西上)[401] 90전 자동차

11월 8 [금] ~ 9일 [토]
【일기 분실(紛失)】

---

399. 쓰고 지운 흔적이 있다.
400. 썼다가 지웠다.
401. 썼다가 지웠다.

11월 10일 [일]

【예기】 거창읍교회(居昌邑敎會) 목사위임식(牧使委任式)[402]

【일기 빈칸(空欄)】

11월 11일 [월]

【일기 빈칸(空欄)】

11월 12일 [화]

【예기】 와룡리(臥龍里)

【일기 빈칸(空欄)】

11월 13 [수] ~ 22일 [금]

【일기 분실(紛失)】

11월 23일 [토]

【일기】

합천읍교회(陜川邑敎會) 문답. 정재학(鄭在學) 집사 댁 체류[留]. 2원 자동차

11월 24일 [일]

【일기】

합천읍교회(陜川邑敎會) 디모데전서[전딤] 1장 19절[403]

---

402. 이홍식 목사의 목사 위임식을 뜻한다. 그는 1929년 11월 10일 거창읍교회 목사로 위임받고 목회하던 중 1930년 4월 15일 폐결핵으로 소천하였다.

403. 믿음과 착한 양심을 가지라 어떤 이들은 이 양심을 버렸고 그 믿음에 관하여는 파선하였느니라.(딤전1:19)

5명[五氏]에게 세례, 1인 학습. 저녁[夕] 시편 1편

11월 25일 [월]
【일기】
동원교회(洞原敎會) 심방. 4원 25전 자동차

11월 26일 [화]
【일기】
90전 자동차. 정 장로(鄭長老) 댁 저녁[夕]. 강습회 개최, 주일학교. 예배당에서 체류[留].

11월 27일 [수]
【일기】
동(仝) 동(仝)/ 정 장로(鄭長老) [댁에서] 아침[組]
새벽기도회 인도 사도행전[行] 1장 4절. 김종대(金宗大) 씨 댁 점심[午], 저녁[夕] 동(仝).

11월 28일 [목]
【일기】
동(仝) 동(仝)/ 새벽기도회 히브리서[希] 12장

11월 29일 [금]
【일기】
동(仝) 동(仝)/ 새벽기도회 마태복음[馬] 7장

웅양(熊陽) 교회 김점준(金点俊) 학습 문답

자택(自宅) 체류[留]

11월 30일 [토]

【일기】

90전 자동차. 강습회

정 집사(鄭執事) 댁 아침[朝]. 점심[午] 김종대(金宗大) 씨 댁. 저녁[夕] 정 집사(鄭執事) 댁.

쌀[米] 10되(升) 2원 70전

12월 1일 [일]

【일기】

안의교회(安義敎會), 마태복음[馬] 27장 22절[404] "우리가 예수에게 대하여 어떻게 할까."

오후 3시에 정기제직회(定期諸職會)를 회당(會堂)에서 개회하고 사무를 처리하다.

아침[朝] 이영일(李永日) 씨 댁, 점심[午] 최두수(崔斗栐) 씨 댁.

12월 2일 [월]

【일기】

90전 자동차. 5전 태비(駄費).[405] 이종행(李鍾行)/ 10원 1원 2원

---

404. 빌라도가 이르되 그러면 그리스도라 하는 예수를 내가 어떻게 하랴 그들이 다 이르되 십자가에 못 박혀야 하겠나이다.(마27:22)

405. 탈것에 든 비용.

12월 3일 [화]

소화(昭和) 15년 실과 외상 기록부[實果外上記] [406]

【잡기】

허동일(許東日) 10환(圜) 90전야(錢也)/ 정대준(鄭大俊) 4환(圜) 20전야(錢也)/ 김병구(金丙九) 5환야(圜也)/ 지주안(池州安) 9환야(圜也)/ 김재근(金在根) 2원(円) 20전/ 김대식(金大植) 1원(円) 30전/ 홍성렬(洪成烈) 4원(円)

12월 4일 [수]

【잡기】

박경조(朴京祚) 3원 20전/ 홍 전도사(洪傳道師) 2원 20전/ 김철완(金哲完) 1원 20전/ 지주안(池州安) 4원 50전/ 이기동(李起東) 10원/ 노수정(盧守貞) 7원 40전/ 수오석(杻五石) 7원/ 박국신(朴國信) 6원/ 안덕삼(安德三) 3원 60전/ 양광국(梁光國) 4원 50전/ 정종실(鄭宗實) 2상자[箱] 14원/ 이지상치(二指甞治) 二指甞治(이지상치)[407] 2상자[箱] 14원/ 송료(送料) 2원 15전

---

406. 소화(昭和) 15년은 1940년이고, 난외(欄外)의 실과외상기(實果外上記)는 글자대로만 이해하면 과일을 외상으로 사거나 판 기록이다. 그러나 잡기 내용에 1953년 이후에 통용된 환(圜)이라는 화폐 단위가 나오는 것으로 보아, 잡기 부분은 '소화 15년 실과외상기(實果外上記)'라는 난외 기록과 관계없이, 이자익 목사가 1950년대 대전에서 활동할 때 쓴 것으로 추정된다.

407. '상추'는 방언으로 '상치'라고도 하는데 이것을 예전에는 '상치(甞治)'라고 한자어로 표기하는 관행이 있었다. 앞에 '二指'는 뜻이 불분명하나 '두 갈래'라는 뜻일 수도 있다.

12월 5일 [목]

【잡기】

백복남(白福南) 10원/ 정대준(鄭大俊) 1원 36전/ 강남석(姜南錫) 14원/ 김재근(金在根) 5원/ 서 면장(徐面長) 28원/ 홍성렬(洪成烈) 2원 60전/ 이지섭(李智攝) 10원/ 조공덕(趙公德) 20원 40전/ 김공운(金公云) 81원 60전

12월 6일 [금]

【잡기】

金大植(김대식) 50환也/ 椰五石(수오석) 5원 80전/ 홍순원 2원 20전/ 홍성렬, 2개 김용덕 편 부송(付送)/ 김기정(金己定) 3원 50전/ 박동찬(朴東贊) 32원 50전

12월 7 [토] ~ 24일 [화]

【일기 분실(紛失)】

12월 25일 [수]

【잡기】[408]

1954년 2월 20일 백낙봉(白洛鳳) 목사 3만원

1954년 1월 5일 김순전 일만환야(壹萬圜也)

---

408. 12월 25일의 내용이 성탄절과 무관한 잡기(雜記) 수준이다. 이날의 잡기(雜記)는 1954년에 대전에서 쓴 것이다. 1954년이라는 숫자가 3번이나 기록되고 대전의 백낙봉 목사 이름이 보인다. 그리고 당시 화폐 단위인 환(圜)이 나타나고 있다. 또한 1954년이라는 숫자가 예기(豫記), 발신(發信), 수신(受信) 난에 기록되어 있으나 이는 잡기와 연결된 숫자이므로 구분에 의미를 둘 수 없다. 잡기의 내용 중 사람 이름과 중요 단어만 선별하여 옮긴다.

1954년 1월 19일 안광희(安光熙) 목사 삼만환야(三萬圜也)

12월 26일 [목]
【일기 빈칸(空欄)】

12월 27 [금] ~ 30일 [월]
【일기 분실(紛失)】

12월 31일 [화]
【잡기】[409]

정태옥(鄭泰玉) 35원/ 노수정(盧守貞) 10원 20전/ 양수동(梁水同) 40환야(也)/ 김윤찬(金允贊) 一金 10환야(也)/ 김준석(金準石) 50환야(也)/ 김윤찬(金允贊) 50환야(也)/ 이기동(李基東) 50원야(也)/ 정종실(鄭宗實) 100원야(也)/ 두순표(杜順表) 15원야(也)/ 이방섭(李方燮) 2원야(也)/ 정태옥(鄭泰玉) 15원야(也)/ 김영준(金榮準) 부인(夫人) 1원 50전/ 김종천 모친(金鍾千母) 6원 50전/ 홍순주(洪淳周) 1원 50전/ 김종두(金宗斗) 7원 52전

---

[409] 12월 31일의 내용도 잡기(雜記)이고, 이후로도 17쪽에 걸쳐서 잡기가 계속 기록되어 있다.

12월 31일 이후 일기장 뒷부분의 기록들

　연도를 알 수 없으나 일기장 뒷부분에는 금전출납부와 호적표가 있는데, 그 전후로 10쪽에 걸쳐 사람 이름과 화폐 액수가 적혀 있는 잡기록(雜記錄)이 있다. 일기는 아니지만 사람 이름이 나오는 내용이기에 기록된 면(面)대로 나누어 소개한다.

1. 금전출납부(金錢出納簿)

월일 (月日)	적요(摘要)	수입(收入)	지출(支出)	잔고(殘高)
8월	희순(希順)	10원		10원
10/28	희순(希順)	19원		29원
11/5	춘자(春子)	15원		44원
11/	오형선(吳亨善)	41원 50전		85원 50전
11/7	봉급(俸給)	75원		160원 50
11/12	동원(洞原)교회	16원		176원 50
上소	성경 대금[代]	2원 25전		178원 75
11/16	문희주(文希州) 양 대금[羊代]	20원		192원 75
11/14	오형선(吳亨善)		29원	163원 75

위의 '금전출납부' 내용을 분석하면 다음과 같다. [옮긴이의 보충 설명]

① 8월과 10/28일 자에 장녀 희순(希順)에게서 수입이 잡힌 것으로 보아 희순이 직장을 가져 아버지께 용돈을 드린 듯하다.
② 11월 7일 자의 봉급 75원은 이자익 목사의 월 사례비이다.
③ 11월 16일 양(羊) 대금으로 20원 수입은 이자익 목사가 양을 길러 문희주 씨에게 팔아 수입이 생긴 것을 말한다.
④ 11월 16일에 20원의 수입이 있으므로 잔고가 198원 75전에 되어야 하는데 192원 75전이라고 기록되어 이 부분의 계산이 맞지 않는다. 그러나 그 아래 29원의 수입과 합계 163원 75전은 맞는 계산이니, 어떤 항목이 누락(漏落)된 것 같다.
⑤ 11월 14일 오형선(吳亨善) 장로의 기록이 11/16일 아래에 기록된 것으로 보아 나중에 추가하여 기록한 것 같다.
⑥ 본 「금전출납부」에는 수입부만 기록되어 있는데, 11월 14일 오형선 난에 29원이 지출된 것으로 보아 대여(貸與)나 조사(助師) 봉급으로 준 것 같다.
⑦ 11월 14일 이후 빈칸으로 남아있는데, 이후 기록은 하지 않은 것 같다.

2. 호적표(戶籍表)

경성부(京城府) 명륜정(明倫町) 1가(街) 81번지
장현식(張鉉植) 전화(電話) 동국(東局) 5번 1437

3. 이후 일기장 뒷부분 잡기록(雜記錄)에 적힌 사람 이름

① 일기장 뒷부분 1면[410]

김종준 부인(金宗準夫人) 1원 50전/ 김종천 모친(金鍾千母) 6원 50전/ 홍순원(洪順園) 1원 50전/ 김종두(金宗斗) 7원 50전

② 일기장 뒷부분 2면[411]

경성부(京城府) 공덕정(孔德町) 175번지 55호 김필수(金弼秀)[412] 대판시(大阪市) 동성구(東成區) 중천정(中川町) 23 전가선인(全家善人)[413]

③ 일기장 뒷부분 3면[414]

두순표(杜順表) 10환也/ 최남득(崔南得) 50환也/ 은성하(殷成河) 10환也/ 김종두(金宗斗) 100환也/ 이한수(李漢壽) 300환也/ 서수양(徐栁陽) 60원/ 두순표(杜順表) 20원/ 박덕건(朴德建) 50원/ 김사길(金士吉) 50원/ 두순표(杜順表) 10원/ 김원배(金元培) 20원/ 두순표(杜順表) 93원/ 가옥세 병(家屋稅幷)[415]

---

410. 이 면 위에는 난외(欄外)에 '성경'이라는 글씨가 있다. 성경을 판매한 기록일 수도 있다.
411. 이 면에는 주소와 사람 이름이 나온다.
412. 김필수는 조선예수교장로회 제4대 총회장.
413. 전가선인(全家善人)은 한자 그대로 해석하면 "가족 모두가 착한 사람들"이라는 뜻이다. 사람 이름이 들어갈 자리에 이것이 기록된 정확한 의미는 알 수 없다.
414. 이 면부터 금전출납부와 호적부가 적혀 있는 난 다음 면에 기록되어 있다.
415. 가옥세 병(家屋稅幷)은 '가옥세와 함께'라는 뜻이다.

④ 일기장 뒷부분 4면

정종술(鄭宗述) 50환야(也)/ 조공덕(趙公德) 15원야(也)/ 최삼열(崔三列) 10환야(也)/ 정영애(張永愛) 1환야(也)/ 정태옥(鄭泰玉) 20환야(也)/ 지명원(池明圓) 30환야(也)

⑤ 일기장 뒷부분 5면

김공운(金公云) 15원/ 김민두(金敏斗) 金 100원/ 김병구(金炳九) 20환야(也)/ 정종술(鄭宗述) 400환야(也)

⑥ 일기장 뒷부분 6면

1930년 2월 10일/11일 신학교 입학시험(神學校入學試驗)[416]

1930년 2월 10일은 신학교 입학 지원자(神學校入學願人) 노회(老會)서 시취(試取)[417]

박정문(朴正文) 금100환야(也)/ 김공운(金公云) 150원/ 송양희(宋良熙) 5원야(也) 그 모친(其母親) 41원/ 전 영감(全令監) 20환 (金山里)/ 진정열(晉正烈) 일금 20환야(也)/ 김공운(金公云) 조공덕(趙公德) 합 200원

⑦ 일기장 뒷부분 7면

김대욱(金大郁) 20원/ 오상규(吳祥圭) 250환/ 양수동(梁守同) 백

---

416. 1930년 2월에 쓴 이 면에는 신학교 입학시험에 관한 기록이 있고, 그 아래는 다른 잡기처럼 사람 이름과 화폐 금액이 기록되어 있다.
417. 시취(試取)는 시험을 보게 하여 인재를 뽑는다는 뜻이다.

미(白米) 3가마[叺][418] 60원 10전

⑧ 일기장 뒷부분 8면

정종실(鄭宗實) 246원/ 이정구(李正九) 50환/ 정대중(鄭大中) 20환/ 정종술(鄭宗述) 96원 46전/ 봉환(奉煥)[419] 金 100환 貸與(대여)

⑨ 일기장 뒷부분 9면

이경선(李京先) 50원/ 이경선(李京先) 10원/ 이성환(李聖煥)[420] 20원/ 김주완(金州完) 30원/ 정종술(鄭宗述) 5원/ 김기평(金基平) 4원/ 금산사(金山寺)[421] 24원 60전/ 봉환(奉煥) 48관(貫)

⑩ 일기장 뒷부분 10면
일기장 뒷부분 10면에는 몇 가지 주목할 만한 기록이 보인다. [옮긴이의 보충 설명]

- 우선 불(佛)이라는 글자이다. 이는 지불(支拂)되었다는 의미의 불(拂)의 잘못된 표기인데, '15,000 [+] 4,500 [합] 19,500'이라는 숫자가 불(佛)이라는 글씨에 함께 묶여 있다.
- 그 밑에는 "댁연보 60.00,/ 월 20.00,/ 탄일 10.00,/ 맥추 10.00,/ 특보(特補)[422] 20.00,/ 지출 20.00 11월 까지"라는 기록이 미불(未佛)에 묶여 있는데, 이것도 미불(未拂), 즉 지불되지 않았다는 한자의 오식이다.

---

418. 입(叺)은 가마니라는 뜻으로 '가마'의 단위를 표시하는 한자어이다.
419. 이봉환은 이자익 목사 장남이다.
420. 이성환은 이자익 목사 3남이다.
421. 금산사와 관련된 금전 거래 내용이 흥미롭다.
422. 특별 연보를 의미하는 것 같다.

- 그리고 '생명보험기일'이라는 인쇄된 항목 밑에는 2월 11일, 7월 11일/ 2월 12일, 8월 12[일]이라는 글씨가 있다.
- 맨 왼쪽에는 '소화 15 십일조'(昭和15十一條)라는 글씨 아래 다음과 같은 기록이 있다.

원(元) 780/ 日(일) 1800/ 구제(救濟) 2,000/ 경(警) 10.00/ 상(喪) 400/ 사경(査經) 400/ 감(感) 30.00/ 시(視) 260/ 혼(婚) 320/ 탄일 2750/ 정식(定式) 100/ 수(壽) 16500/ 정식(定式) 10.00/ 서회성서(書會聖書) 22.00/ 순애(順愛) 100/ [00會](?)[423] 100/ [토방](?)[424] 1,500/ 문길(文吉) 10.00/ 연보(捐補) 3/ 4.1 현재[現] 23.00

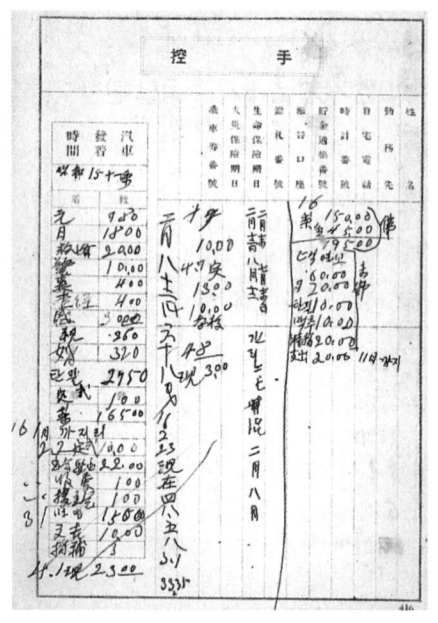

---

423. 앞의 두 글자 해독이 어렵다.
424. 두 글자 해독이 어렵다.

부록

부록 1. 이자익(李自益) 목사 연보(年譜)   165

부록 2. 이자익(李自益) 목사 후손   175

부록 3. 일기 속의 이자익 목사 관련 인물   177

부록 4. 사진   183

부록 5. 사람 이름 찾기   188

부록 6. 교회 및 지역 이름 찾기   196

부록 7. 사물 이름 찾기   199

부록 1

이자익(李自益) 목사 연보(年譜)

1879년 [0세]
7월 25일(음력) 경상남도 남해군 이동면 다천리(南海郡 二東面 茶川里)에서 아버지 이부일(李富日)[425] 어머니 박정근(朴定根)의 외아들로 출생하다.

1881년 [2세]
1월 26일 아버지가 별세하다.

1891년경 [12세]
- 12세까지 고향에서 어머니를 도와 일을 하며 글공부를 하다.
- 어머니가 별세하여 고아로 몇몇 친척 집에 맡겨져 생활하다.

1893년 [14세]
- 2월 16일 백부 이영도(李永道)가 별세하다.
- 백부 사망 후 남해 섬에서 여수행 배에 무임 승차하여 여수로 오다.
- 여수의 어느 여관에서 잔심부름하며 생활하다가 여관에 묵은 금산사(金山寺) 승려의 눈에 들어 그를 따라 김제 금산사에 오다.
- 금산사에서 청소 등 잡일을 도우며 글공부를 계속하다.

---

425. 호적과 묘비에 부친 이름이 이부일(李富日)로 되어 있다. 지금까지 알려진 제적등본 상의 이기진(李基珍)은 아명으로 생각된다.

1897년경 [18세]

금산사에서 나와 김제 금산리의 부호 조덕삼 씨 집 마부로 고용되어 숙식을 제공받고 일하다.[426]

1900년 [21세]

- 5월경 조덕삼 씨 집의 마부 생활을 그만두고, 부농 김여장(金汝長)의 딸 김선경(金善慶)과 결혼하다.[427]
- 친구 김종규와 장사를 시작하여 돈을 벌다.

1902년 [23세]

최의덕(테이트) 선교사의 전도로 예수를 믿고 기독교인이 되다.

1904년 [25세]

봄에 조덕삼을 전도하여 예수 믿게 하고, 그 집 사랑채에서 첫 예배를 드리다.[428]

1905년 [26세]

- 3월경 조덕삼의 과수원 터에 두정리(팟정리)교회 예배당을 초가 5칸으로 지어 예배를 드리다.
- 10월 11일 조덕삼, 박화서와 함께 학습을 받다.

---

426. 조덕삼 씨 집의 마부로 들어간 나이는 17~18세라고 생각하지만, 정확히 아는 사람은 없다. 마부 생활은 3~4년의 짧은 기간이었다. 당시 마부는 하인이 아니라 일종의 고용직이었다.

427. 이자익은 결혼하면서 마부 생활을 그만두었다. 그리고 장인에게서 받은 자금으로 장사를 시작한 것으로 추정된다.

428. 지주 조덕삼이 예수 믿게 된 경위는 확실치 않다. 이자익을 통해 전도를 받고 최의덕 선교사를 만나 예수를 믿은 것으로 추정된다.

1906년 [27세]

- 4월 10일 조덕삼이 유광학교(維光學校)를 설립하고, 이자익이 교사가 되어 가르치다.
- 4월 18일 장남 이봉환(李奉煥)이 출생하다.
- 5월 30일 두정리교회(현 금산교회)에서 최의덕 선교사에게 세례를 받다.
- 세례를 받은 후 최의덕 선교사를 도와 금산교회 영수(領袖)가 되다.

1907년 [28세]

- 9월 17일 두정리교회(팟정리교회)[429] 장로 2명 가택 청원을 평양 장대현교회에서 열린 대한예수교장로회 독노회가 허락하다.

1908년 [29세]

- 연초에 최의덕 선교사의 사회로 열린 공동의회에서 이자익 영수가 장로로 피택되다.
- 3월 5일 두정리교회(팟정리교회) 초대 장로가 되어 장립식을 거행하다.
- 3월 5일 최의덕 선교사 집에서 모인 북전라대리회에 장로회원으로 참석하다.
- 4월 4일 현재의 기역자(ㄱ)예배당이 완공되다.

1909년 [30세]

- 봄에 김제 구봉리교회(현 원평교회)를 두정리교회에서 분립하여 개척하다.
- 9월 6일 장녀 이희순(李希順)이 출생하다.
- 9월 북전라대리회에서 조사(助師)로 임명되어 최의덕 선교사를 돕다.

---

429. 독노회(총회) 자료와 금산교회 당회록에는 교회 이름이 두정리교회라고 되어 있다. 11월 27일 '예수교회보'에는 당시 교회 상황을 교인 200명에 세례교인 75명이라고 하였다.

1911년 [32세]
- 4월 1일 평양신학교에 입학하다.(북전라대리회 추천)
- 재학 기간 중 계속 조사(助師)로 사역하다.

1913년 [34세]
- 9월 7일~11일 제2회 대한예수교장로회 총회 장로 총대로 첫 참석하다.
- 10월 21일 차남 이봉호(李奉鎬)가 출생하다.

1914년 [35세]
- 장인 김여장이 예수 믿고 소천하다.

1915년 [36세]
- 6월 15일 평양신학교를 제8회로 졸업하다.
- 8월 15일 두정리교회(팟정리교회)와 구봉리교회가 청빙을 결의하고 노회에 청원하다.
- 9월 26일 제5회 전라노회에서 목사 안수를 받다.
- 전라노회 파송 전도목사로 최의덕 목사를 도와 두정리교회(현 금산교회)와 구봉리교회(현 원평교회)를 시무하다.

1916년 [37세]
- 4월 11일 차녀 이보은(李寶恩)이 출생하다.
- 8월 24일 제7회 전라노회에 목사 총대로 참석하다.

1917년 [38세]
- 9월 2일 제5회 총회에 목사 총대로 참석하다.
- 10월 10일 전라노회에서 분립한 전북노회에서 구봉리교회만 전담하도록 허락받고, 두정리교회를 사임하다.

- 창립된 전북노회 부회계가 되다.

1918년 [39세]
- 4월 4일 삼남 이성환(李星煥)이 출생하다.
- 8월 8일 제3회 전북노회에서 두정리교회(팟정리교회)의 청원이 허락되어 구봉리교회와 함께 다시 두 교회를 목회하게 되다.
- 전북노회 부노회장이 되다.

1919년 [40세]
- 9월 9일 제5회 전북노회장에 선출되다.
- 12월 17일 조덕삼 장로가 52세로 소천하다.

1920년 [41세]
- 군산의 개복동교회와 구암교회가 공동 위임목사로 청빙하였으나 사양하고 농촌교회 목회를 계속하다.

1922년 [43세]
- 2월 27일 사남 이중환(李中煥)이 출생하다.

1923년 [44세]
- 2월 두정리교회를 사임하고 구봉리교회 목회만 전담하다.

1924년 [45세]
- 3월 21일 오남 이창환(李昌煥)이 출생하다.
- 5월 9일 다시 두정리교회 목회에 복귀하다.
- 6월 24일 전북노회 부노회장에 선출되다.
- 9월 13일 제13회 총회장에 선출되다.(함경북도 함흥읍 신창리교회)

1925년 [46세]
- 6월 30일 호주 장로교 선교회 청빙으로 거창 지부 선교사 대리 순회 목사로 경남노회에 파송이 결의되다.
- 10월 가족이 모두 거창으로 이사하다.

1927년 [48세]
- 1월 4일 경남노회 노회장에 선출되다.(22~23회기)
- 7월 9일 육남 이영환(李榮煥)이 출생하다.
- 9월 평양장로회신학교 별과(연구과)에 입학하다.
- 9월 평양장로회신학교 이사가 되어 1938년 9월까지 계속하다.

1928년 [49세]
- 1월 3일 경남노회 노회장에 연이어 선출되다.(24~25회기)
- 12월 11일 경남 노회 부노회장에 선출되다.(26~27회기)

1929년 [50세]
- 2월 19일 이자익을 전도한 최의덕(테이트) 선교사가 미국에서 소천하다.
- 12월 14일 삼녀 이은희(李恩希)가 출생하다.
- 12월 14일 사녀 이경희(李慶希)가 출생하다.
- 12월 15일 김선경(金善慶) 사모가 경남 거창에서 소천하다.(쌍둥이 출산 후유증)

1930년 [51세]
- 2월 10일 삼녀 은희가 사망하다.
- 2월 13일 사녀 경희가 사망하다.
- 6월 30일 평양장로회신학교 별과(연구과)를 수료하다.

1931년 [52세]
- 8월 2일 황해도 봉산군 출생인 강학빈(姜學彬) 전도사와 재혼하다.

1932년 [53세]
- 1월 5일 경남노회 부노회장에 선출되다.(30~31회기)

1936년 [57세]
- 9월 30일 거창선교부 순회 목사를 사임하고 금산교회와 원평교회 제5대 목사로 부임하다.

1937년 [58세]
- 4월 14일 총회 26회기 전도부장 시 방지일 목사를 중국 산동성 선교사로 파송하다.

1938년 [59세]
- 6월 신사참배 거부 의사 표시로 전북노회에 불참하다. (1943년까지 계속 불참)
- 9월 신사참배 거부 의사 표시로 제27회 총회에 불참하다. (1942년 제31회까지 계속 불참)[430]

1939년 [60세]
- 금산교회 시무를 사임하다.

1943년 [64세]
- 원평교회 시무를 사임하다.

---
430. 총회는 1942년 제31회 총회 이후에는 일제의 방해로 모이지 못하였다. 해방 후 1946년에 '남부총회'로 모여 이것을 제32회 총회로 인정하였다.

1946년 [67세]

- 6월 11일 해방 후 장로교회만의 '남부총회'에 총대로 참석하다.(서울 승동교회)

1947년 [68세]

- 3월 25일 일제에 의해 통폐합되었던 전북노회를 재건하고 노회장이 되다.
- 3월 전북노회 재건 후 금산읍교회(현 금산제일교회) 동사목사로 부임하다.
- 4월 18일 대구제일교회에서 제33회 총회장에 피선되다.

1948년 [69세]

- 4월 20일 서울 새문안교회에서 제34회 총회장에 피선되다.
- 총회가 대전선교지부 개설을 허가하다.

1950년 [71세]

- 1월경에 선교사들이 마련해준 대전시 삼성동 387번지의 일본인 적산가옥으로 이사하여, 보이열(Elmer Boyer), 인돈(William Alderman Linton) 선교사와 함께 고등성경학교 개교를 위한 준비 작업을 하다.
- 3월 7일 전북노회에서 충남노회로 이명하다.
- 4월 6일 충남고등성경학교 개교와 함께 부교장에 선임되다.(교장 보이열)
- 6월 25일 전쟁 발발로 친척 해광(海光) 스님이 있는 완주 송광사에 피신하였다가 공산당에 체포되어 고난을 당하다. 이후 김제로 내려가 셋째 아들 이성환의 집에서 지내다.

1951년 [72세]

- 9월 대전으로 와서 고등성경학교를 자택에서 다시 개교하다.

1952년 [73세]
- 5월 20일 대전제일교회에서 열린 충남노회에서 대전노회를 분립 신설하고 초대 노회장이 되다.
- 대전노회의 신설과 함께 충남고등성경학교를 대전고등성경학교로 개명하다.

1953년 [74세]
- 10월 4일(또는 11일) 대전 오정교회 초대 담임목사로 부임하다.[431]

1954년 [75세]
- 4월 26일 제39회기 정치수정위원장으로 개정된 '대한예수교장로회 헌법'을 발행하다.
- 8월 15일 오정교회 담임목사를 사임하다.[432]
- 8월 20일 대전신학교(현 대전신학대학교)를 설립하고 초대 교장으로 부임하다.
- 12월 17일 제6회 대전노회에서 공로목사로 추대되다.
- 12월 대전신학교 교장직을 사임하다.

1955년 [76세]
- 12월 30일 대전노회 주최 이자익 목사 77회 생신(희수) 및 성역 47주년 기념 예배를 드리다.

1956년 [77세]
- 3월 대전기독학원 설립 위원으로 대전대학(현 한남대학교)의 대학 인가를 얻다.

---

431. 오정교회 부임일은 10월 4일이나 11일 중 하나이다.
432. 오정교회 사임일은 확실하지 않으나 대전신학교 교장 취임 전 주일로 계산하였다.

- 3월 원평에 사는 삼남 이성환의 집으로 이사하다.[433]

1958년 [79세]
- 10월 7일 김제시 원평에서 79세로 소천하다.
- 10월 9일 대전노회장으로 장례식이 거행되다.

1960년
- 11월 7일 강학빈 사모가 소천하다.

---

433. 외손녀 장옥문 권사의 증언에 의하면 이자익 목사는 대전에서 전주예수병원에 한 달 정도 입원했다가 삼남 성환의 집으로 갔다고 한다.

부록 2

이자익(李自益) 목사 후손

1. (장남) 이봉환 장로 (아내) 김옥례 권사
① 이인소 집사 (김상진 성도) ② 이은소 권사 (최동휘 장로)
③ 이금자 권사 (진영동 집사)

2. (장녀) 이희순 권사 (남편) 김재환 장로
① 김현철 집사 (김영주 권사) ② 김현배 집사 (민진희 권사)
③ 김현문 집사 (유학자 권사) ④ 김익자 권사 (오세형 장로)
⑤ 김영자 권사 (문용수 집사) ⑥ 김현숙 선교사 (최영진 선교사)

3. (차남) 이봉호 집사 (아내) 송복년 권사
① 이규완 장로 (이숙희 권사) ② 이규택 장로 (이순엽 권사)
③ 이민자 권사 (문숭사 장로) ④ 이영자 권사 (최완열 안수집사)
⑤ 이규선 권사 (김용일 장로) ⑥ 이규석 목사 (신옥순 사모)

4. (차녀) 이보은 집사 (남편) 장금식 집사
① 장행문 집사 (강숙희 권사) ② 장옥문 권사 (김영선 집사)
③ 장창문 집사 (하위숙 집사) ④ 장은옥 권사 (이준상 집사)
⑤ 장은선 권사 (이성학 성도)

5. (삼남) 이성환 집사 (아내) 김양호 권사

① 이규상 집사 (권대순 권사) ② 이규옥 권사 (이강주 장로)
③ 이미선 집사 (김태성 장로) ④ 이규팔 집사 (김옥순 집사)
⑤ 이규재 집사 (김효숙 집사)

6. (4남) 이중환 성도

일본 유학 후 6·25 전쟁 중에 행방불명

7. (5남) 이창환 집사 (아내) 김순덕 집사

① 이금혜 권사 ② 이승희 권사 (손영대 성도)
③ 이승선 권사 (한상학 성도) ④ 이규홍 집사 (배정숙 집사)
⑤ 이선미 권사 (김상균 집사)

8. (6남) 이영환 집사 (아내) 김은성 성도

① 이영희 집사 (안병렬 성도) ② 이단아 성도 (최상전 성도)
③ 이신화 집사 (박정태 집사) ④ 이민화 집사 (유상복 집사)
⑤ 이미화 집사 (조중식 집사)

9. (삼녀) 이은희 성도

2개월 생존

10. (4녀) 이경희 성도

2개월 생존

부록 3

일기 속의 이자익 목사 관련 인물

이자익 목사는 세 번의 총회장을 지냈기에 당시 거의 모든 교계 유명 인사들을 다 만나고 교제했다. 그러나 여기서는 본 일기에 나오는 인물들만 정리한다.(각주 포함)

1. 선교사

강운림(姜雲林)/ 미국남장로회 선교사 클라크(Monroe William Clark, 1881~1965).

고도열(高道悅)/ 호주 장로교 선교사 아더 토마스 코트렐(Arthur Thomas Cottrell, 1903~1982), 거창 지부 이자익 목사 후임 선교사.

구례인(具禮仁)/ 미 남장로교 선교사 존 C. 크레인(John Curtis Crane, 1888~1964) 순천. 매산학교 교장, 평양신학교 교수.

권임함(權任咸)/ 호주 장로교 선교사 프랭크 윌리엄 커닝햄(Frank William Cunningham, 1887-1981) 진주 경남성경학교 교장.

도별익(都別益)/ 호주 장로교 선교사 프레데릭 제임스 토마스(Frederick James Thomas) 거창 지부 이자익 목사 전임 선교사.

대마가례(代瑪嘉禮)/ 호주 여선교사 마가렛 데이비스(Miss Margaret Davies, 1887-1963).부산 일신여학교 교장.

라부열(羅富悅)/ 미 북장로교 선교사 스테이시 로버츠(Stacy L. Roberts, 1881~1946), 평양신학교 2대 교장.

마로덕(馬路德)/ 미 북장로교 선교사 루터 올리버 맥커천(Luther Oliver McCutchen)

바스/ 클라라 바스(Clara Bath). 왕길지 선교사 부인.

매견시(梅見施) 호주 장로교 선교사 제임스 맥켄지(James N. Mackenzie, 865~1956)

맥계익(麥啓益)/ 제인 엘라이저 (데이지) 맥카그 디커니스(Jane Eliza Daisy McCaque), 예원배 선교사 부인

서오성(徐正星)/ 호주 장로교 여선교사 스텔라 메이 스코트(Stella May Scott, ?~1961) 거창 유치원 원장.

왕길지(王吉志)/ 호주 장로교 선교사 겔슨 엥겔(Gelson Engel, 1868~1954), 평양신학교 교수, 장로교 2대 총회장.

양요안(梁要安) 호주 장로교 여선교사 캐서린 레잉(Catherine Laing, ?~1967), 진주에서 여성 사역.

예원배(芮元培)/ 호주 장로교 선교사 앨버트 라이트(Albert Clement Wright, 1880~1971), 부산진교회 목사.

위애미(衛愛美)/ 미 남장로교 여선교사 에밀리 윈(Emily Anderson Winn, 1883~1977), 전주여자성경학교 교장, 위인사(Sanuel Deight Winn) 선교사 여동생.[434]

위인사(韋仁仕)/ 미 남장로교 선교사 사무엘 드와이트 윈(Samuel Dwight Winn, 1880~1954) 전주 신흥학교 교사, 전주 완산교회 초대 당회장.

윤산온(尹山溫)/ 미 북장로교 선교사 조지 새넌 매큔(George S. McCune, 1873~1941), 평양 숭실학교 교장.

이눌서(李訥瑞)/ 미 남장로교 선교사 윌리엄 데이비드 레이놀즈(William Davis Reynolds, 1867~1951), 평양신학교 교수.

---

434. 위애미(衛愛美)의 한자 중 '위'(衛)가 한국기독교역사연구소에서 출간한 『내한선교사사전』(2022) 925쪽에선 '위'(偉)로 되어 있다. 또한, 같은 형제인 위인사의 한자는 위애미와 다른 '위'(韋)로 기록되어 있다.

잉골드/ 최부인(崔夫人)으로 불린 최의덕 선교사 부인. 원명은 마사 바바라 잉골드(Martha Barbara Ingold), 의사.

조요섭/ 미 남장로교 선교사 조셉 배런 호퍼(Joseph Barron Hopper, 1921~1992), 호남신학대학교 제2대 이사장.

조원시(趙元時)/ 미 감리교 선교사 조지 헤버 존스George Heber Jones, 1867~1919), 「신학세계」 창간인.

최의덕(崔義德)/ 미 남장로교 선교사 루이스 보이드 테이트(Lewis Boyd Tate, 1862~1929), 이자익 목사 전도, 금산교회 개척.

플로렌스/ 플로렌스 크레인(Florence Hedleston Crane, 1887~1973), 구례인 선교사 부인.

2. 조선인 목사

곽진근(郭塡根) 목사/ 구봉리교회(현 원평교회), 전주 완산정교회(현 전주 완산교회) 목사. 제29회 장로교 총회장.

김가전(金嘉全) 목사/ 전주 신흥고등학교 교목, 전북 도지사.

김길창(金吉昌) 목사/ 경남노회 노회장.

김만일(金萬一) 목사/ 수안교회 목사, 경남노회 노회장

김세열(金世烈) 목사/ 전주태평교회 목사, 초대 기장 총회장.

김윤식(金潤植) 목사/ 전주완산교회 목사.

김인전(金仁全) 목사/ 서문밖교회(현 서문교회) 목사.

김창국(金昶國) 목사/ 제주 내도리교회, 삼양리교회, 광주 금정교회(현 광주제일교회), 양림교회 목사.

김필수(金弼秀) 목사/ 전주 신흥학교 교사, YMCA 창립 이사, 군산 개복동교회와 구암교회 겸임 목사, 전라노회 초대 노회장, 제4회 장로교 총회장.

남궁혁(南宮爀) 목사/ 광주북문안교회(현 광주제일교회) 목사, 제21회 장로교 총회장, 평양신학교 교수.

배은희(裵恩希) 목사/ 경주교회, 서문밖교회(현 서문교회) 목사, 제2대 국회의원.

백낙봉(白洛鳳) 목사/ 대전 인동교회 목사, 대전노회장, 대전신학교 교장.

서정태(徐廷泰) 목사/ 무주 증산교회 목사.

송관범 목사/ 남원동북교회 목사, 제15회 총회 부회록서기, 순교자. (일기에는 편지 왕래)[435]

안광희(安光熙) 목사/ 일기에 내용 없음.

여전수(呂傳帥) 목사/ 일기에 내용 없음.

이수현(李守鉉) 목사/ 광주중앙교회, 마산 문창교회, 순천중앙교회, 군산 개복동교회, 군산중앙교회 목사, 장로교 제48회 총회장.

이순필(李順弼) 목사/ 마산 문창교회 장로, 마산교회 목사, 본 직업 의사.

이인범(李仁範) 목사/ 인천 송현성결교회 목사, 여산읍교회, 금산읍교회(현 금산제일장로교회) 목사.

이창규(李昌珪) 목사/ 익산 후리교회(현 이리제일교회), 제주 선교사, 군산 구암교회 목사, 군산 영명중학교 교장, 제44회 예장 통합 총회장.

이홍식(李弘植) 목사/ 함안읍교회, 사촌교회, 군북교회, 거창읍교회 목사.

정인과(정의종) 목사/ 제24회 장로교 총회장, 기독교신문협회 회장.

조승제(趙昇濟) 목사/ 사천 곤양교회, 웅기교회, 김해읍교회, 동래수안교회, 광주남부교회, 목포 수안교회, 한국기독교장로회 총회장, 한신대학교 이사장.

주기철(朱基徹) 목사/ 부산 초량교회, 마산 문창교회, 평양 산정현교회 목사. 경남노회장.

주남고朱南皋 장로 = 주남선(朱南善) 목사/ 일기에는 거창교회 주남고 장로, 1940년 체포되어 옥중에서 주남선으로 개명.

한상동(韓尙東) 목사/ 부산 초량교회, 삼일교회, 제46회 예장 합동 총회

---

435. 송관범 목사는 순교자 명단에 있고, 다른 참고문헌은 없다. 다만 해병대 출신 아들 송현 목사(새힘교회)가 「무적해병신문」(2016.11.10.)에 기고한 내용이 있다.

장, 고신대 초대 학장, 일기가 쓰인 1929년에는 교인으로 경남 고성군에 교회 개척.

한석진(韓錫晉) 목사/ 제6회 장로교 총회장, 조선예수교연합공의회 창설, 총회 수양관 건축위원장.

함태영(咸台永) 목사/ 청주교회, 마산 문창교회, 서울 연동교회 목사, 한신대 학장, 부통령.

3. 거창 지부 조사(助師) 및 장로

이자익 목사는 여러 조사(助師)들의 헌신적인 도움으로 31개 교회 순회 목회를 할 수 있었다. 장로의 직분을 가지고 조사 일을 한 사람이 대부분이지만, 일기의 내용을 기준으로 직분과 소속 교회를 열거하면 다음과 같다.

① 강만달 조사(장로)/ 합천읍교회   ② 고운서 조사/ 위천교회
③ 김동선 조사/ 위천교회   ④ 김병찬 영수/ 함양읍교회
⑤ 김성호 장로/ 합천읍교회   ⑥ 박종원 조사
⑦ 배익조 조사/ 합천읍교회   ⑧ 오형선 조사(장로)/ 거창읍교회
⑨ 윤한선 조사/ 거창읍교회   ⑩ 장문춘 조사
⑪ 조재룡 장로/ 거창읍교회   ⑫ 주남고 장로/ 거창읍교회
⑬ 황보기 조사/ 함양읍교회

4. 전북 노회 장로(長老)

이자익 목사 일기에는 거창에 오기 전 소속했던 전북노회의 장로들 이름이 나온다. 서신을 주고받았거나 이자익 목사가 목회했던 두정리교회나 구봉리교회, 그리고 1929년에 설교했던 교회 장로들이다. 단, 이승훈 장로는 누구인지 확실치 않으나 평양 오산학교 교장과 한자가 동일하다.

① 강평국 장로/ 김제 구봉리교회   ② 김준기 장로/ 김제 구봉리교회

③ 안삼용 장로/ 익산 황등교회　　④ 오덕근 장로/ 이리 고현교회
⑤ 이순필 장로/ 마산 문창교회　　⑥ 조영호 장로/ 김제 두정리교회
⑦ 한상용 장로/ 김제 임상교회

5. 기타
⑨ 이승훈 장로/ 오산교회(?)[436]

---

436. 일기에는 이승훈(李昇薰)과의 서신 교환이 두 번 나오는데, 한자 이름으로 보아서 오산학교 교장 남강 이승훈 장로 같다.

부록 4   사진

그림15. 이자익 목사 (1954년)

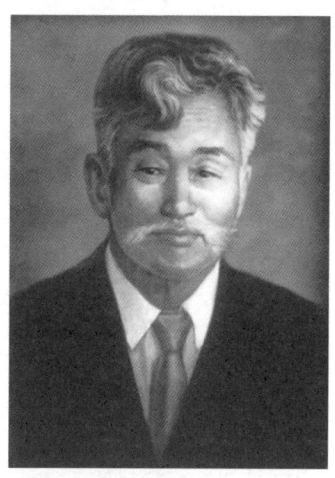

그림14. 김제 금산교회 기역자 예배당에 있는 이자익 목사 초상화

그림16. 김선경 사모 (1910년경 추정)

그림17. 장남 봉환과 장녀 희순의 어린 시절 (1910년경 추정)

그림18. 경남기독면려청년회 거창지방 연합수련회 기념(1934년 7월 15일)

그림19. 이자익 목사 거창지방 교역 10주년 기념(1935년 8월 10일)

그림20. 김병찬 영수 전별 기념 (1932년 7월 3일)

그림21. 이자익 목사의 첫 사역지 김제 금산교회 기역자(ㄱ) 예배당

함태영 목사

남궁혁 목사

한석진 목사

주남고 장로
(주남선 목사)

황보기 장로

김병찬 영수

이홍식 목사

왕길지 선교사

맹호은 선교사

그림22. 일기에 나오는 인물들

라부열 선교사

마로덕 선교사

윤산온 선교사

이눌서 선교사

매견시 선교사

최의덕 선교사 부부

서오성 선교사

맥계익 선교사

대마가례 선교사.

그림23. 일기에 나오는 인물들

부록 5

사람 이름 찾기

※ 사람 이름과 함께 교회 직분을 표시하였다. 이는 일기 내용에 근거한 것이기에 차이가 있을 수 있고, 옮긴이가 미처 헤아리지 못하여 직분이 잘못되었을 수도 있다.

(ㄱ)

강기문 [교인] 123
강남석 [교인] 154
강두표 [집사] 67
강만달 [영수] 25, 72, 73, 111, 148, 181
강복동 [교인] 121
강순길 [교인] 104
강용직 [교인] 74
강운림/ 클라크 [선교사] 113, 177
강인국 [교인] 118
강인동 [교인] 69, 124, 127, 130
강평국 [장로] 59, 181
고도열 [선교사] 23, 24, 177
고돌복 [교인] 115
고봉순 [교인] 121
고성애 [교인] 84
고순자 [교인] 122,
고운서 [전도사] 25, 28, 63, 70, 79, 181
고운준 [교인] 113
곽남순 [교인] 28, 83
곽진근 [목사] 106, 107, 179
구례인/ 크레인 [선교사] 100, 117, 179
구형서 [교인] 90

금석호 [장로] 137
김가전 [목사] 104, 179
김경생 [교인] 104
김공운 [교인] 119, 126, 128, 129, 130, 132, 154, 160
김귀남 [조사] 28
김귀순 [교인] 27, 82
김기정 [교인] 154
김기준 [교인] 139, 145
김기춘 [교인] 132
김기평 [교인] 161
김길창 [목사] 112, 137, 179
김남용 [교인] 122
김노성 [집사] 67
김대건 [교인] 63, 70
김대근 [교인] 120
김대식 [교인] 153, 154
김대욱 [교인] 120, 125, 129, 160
김동광 [교인] 25, 70
김동선 [조사] 25, 26, 27, 28, 29, 64, 68, 80, 82, 83, 94, 99, 181
김동엽 [교인] 121, 125, 127
김동준 [목회자] 28

김만기 [교인] 89
김만길 [목회자] 29
김만일 [목사] 27, 71, 87, 90, 95, 96,
　　　　　　　101, 179, 206
김만춘 [교인] 127
김망례 [교인] 121
김명수 [교인] 74
김명환 [교인] 126
김민두 [교인] 122, 124, 126, 160
김병구 [교인] 127, 153, 160
김병연 [목사] 9
김병오 [교인] 128
김병의 [교인] 75
김병찬 [영수] 26, 27, 65, 87, 114, 181,
　　　　　　　185, 186
김복용 [교인] 72, 112
김복임 [교인] 116, 356
김봉규 [교인] 76
김봉운 [교인] 131
김사길 [교인] 159
김상규 [집사] 26, 45, 72, 73, 74, 78, ,
　　　　　　　97, 99, 110, 111
김상순 [교인] 70, 86, 87
김선경 [사모] 6, 166, 170
김선정 [교인] 26, 75, 85
김선행 [교인] 68, 69, 74, 82, 89
김성례 [교인] 57
김성삼 [교인] 119
김성선 [교인] 26, 78
김성순 [교인] 132
김성호 [장로] 26, 97, 110, 181
김세열 [목사] 58, 60, 61, 179

김소례 [교인] 119
김수복 [교인] 119
김순전 [교인] 154
김순주 [교인] 119, 126, 127
김승자 [김양호 동생] 9
김양록 [교인] 119, 120, 125
김양순 [교인] 62
김양호 [자부] 9, 176
김영준 [교인] 104, 155
김오목이 [교인] 129
김요춘 [교인] 130
김용준 [교인] 118, 121, 123, 126, 130
김원배 [교인] 159
김원숙 [교인] 132
김윤식 [목사] 58, 179
김윤찬 [교인] 155
김윤하 [교인] 135
김이정 [교인] 89
김인전 [목사] 104, 179
김장년 [집사] 73
김재근 [교인] 117, 124, 153, 154
김점준 [교인] 152
김정근 [교인] 117, 125, 130
김정래 [교인] 136
김정묵 [교인] 63
김종균 [교인] 123, 124, 126, 128, 130
김종대 [교인] 151, 152
김종두 [교인] 155, 159
김종식 [교인] 130
김종윤 [교인] 129
김종준 [교인] 159
김종천 [교인] 155, 159

김종혁 [목사]　32, 33, 203
김주완 [교인]　161
김주환 [교인]　122
김준기 [장로]　80, 89, 103, 104, 107,
　　　　　　　108, 127, 181
김준석 [교인]　155
김진기 [교인]　98, 136
김진충 [교인]　61
김쾌남 [교인]　122, 129
김창국 [목사]　106, 113, 116, 179
김철수 [교인]　119
김철완 [교인]　153
김춘월 [교인]　72
김태석 [교인]　120
김필수 [목사]　145, 159, 179
김한경 [교인]　63
김항욱 [교인]　86, 90
김현수 [교인]　118, 131
김형대 [목사]　5, 9, 15, 17, 19, 202

(ㄴ)
나금돌 [교인]　131
남궁혁 [목사]　98, 101, 102, 143, 179,
　　　　　　　186, 206
노수정 [교인]　153, 155,
노이심 [교인]　63
노정기 [교인]　119

(ㄷ)
대마가례/ 데이비스 [선교사]　63, 177,
　　　　　　　187
대지안/ 데이비스 [선교사]　63

덕배시/ 데이비스 [선교사]　63
데이비스 → 대마가례
두순표 [교인]　155, 159

(ㄹ)
라부열 [선교사]　39, 58, 59, 86, 87, 95,
　　　　　　　101, 102, 109, 143, 177,187
라이트 [선교사]　96, 178
레이놀즈 → 이눌서
레잉 → 양요안

(ㅁ)
마로덕 [선교사]　79, 80, 114, 178, 187
매견시/ 맥켄지 [선교사]　92, 137, 178, 187
매큔 → 윤산온
맥레 → 맹호은
맥계익/ 메카그 [선교사]　33, 34, 90, 93,
　　　　　　　178, 187
맹호은/ 맥레 [선교사]　92, 186
모휘대 [목사]　9
문정일 [교수]　8
문희균 [집사]　67
문희주 [교인]　157, 158
민경천 [교인]　70
민경칠 [집사]　70, 147

(ㅂ)
바스 [선교사]　31, 178
박경용 [교인]　72
박경원 [교인]　118
박경윤 [교인]　119, 129
박경조 [교인]　153

박경춘 [교인] 132
박국신 [교인] 153
박기호 [교인] 78
박덕건 [교인] 159
박덕신 [교인] 126, 127, 133
박덕술 [교인] 126
박동신 [교인] 120
박동찬 [교인] 154
박만길 [교인] 130
박문옥 [교인] 70
박봉안 [교인] 122, 127
박봉화 [교인] 128
박영근 [교인] 80
박영남 [교인] 126
박옥이 [집사] 73
박의문 [교인] 76, 77
박재홍 [교인] 118
박정문 [교인] 160
박종원 [조사] 26, 85
박창근 [교인] 97, 115
박창식 [교인] 113
박창호 [교인] 147
박태안 [목사] 28, 29, 31, 202, 203
박판석 [교인] 116
박화선 [교인] 126
배명술 [장로] 70
배익조 [조사, 목사] 26, 27, 70, 78, 80, 82, 84, 88, 97, 102, 111, 112, 147, 181
배은희 [목사] 104, 180
백낙봉 [목사] 41, 154, 180
백복남 [교인] 154

백영희 [전도사] 28
변경묵 [교인] 123, 126, 133
변금묵 [교인] 117
보은 → 이보은
봉환 → 이봉환

(ㅅ)

서고정 [권사] 67, 68
서금윤 [조사] 28
서성환 [전도사] 28
서수양 [교인] 159
서오성/ 스코트/ 스콧/ 서부인 [선교사] 24, 57, 59, 62, 63, 79, 80, 81, 82, 84, 86, 87, 88, 89, 93, 100, 103, 105, 178, 187
서정태 [목사] 61, 180
선다싱/산다싱 [선교사] 147
성환 → 이성환
송관범/ 송 목사 [목사] 71, 98, 180
송관용 [교인] 61
송남창 [교인] 26, 70
송양희 [교인] 160
송학준 [교인] 29, 94, 113
수오석 [교인] 116, 153, 154
수재규 [교인] 120
수재기 [교인] 129
스코트 → 서오성
신갑원 [교인] 122, 125
신문기 [교인] 118
신복열 [교인] 80, 82
신상규 [교인] 98
신서방 [교인] 127

신성재 [교인] 95
신주수 [교인] 142
심익순 [선교사] 71, 86, 122

(ㅇ)

안광희 [목사] 155, 180
안덕삼 [교인] 153
안삼용 [장로] 56, 62, 182
양광국 [교인] 153
양수동 [교인] 155, 160
양순옥 [교인] 109
양요안/ 레잉 [선교사] 34, 178
언더우드 [선교사] 31
엥겔 → 왕길지
여전수 [목사] 78, 79, 94, 180
영운 → 정영운
영환 → 이영환
오덕근 [장로] 104, 182
오상규 [교인] 160
오수근 [교인] 129
오영규 [교인] 130
오영근 [교인] 130
오형선 [장로] 27, 30, 62, 63, 69, 101, 157, 158, 181, 206
오화영 [교인] 131
왕길지/ 왕길/엥겔 [선교사] 31, 78, 83, 104, 178, 202
원주선 [교인] 83, 114
위애미 [선교사] 65, 69, 71, 178
위인사 [선교사] 65, 178
유기도 [교인] 86
유경문 [교인] 70

유만석 [교인] 123, 124, 127, 128, 129, 130
유성순 [교인] 84
윤덕선 [교인] 132
윤산온/ 매큔 [선교사] 26, 88, 89, 90, 93, 143, 187
윤위출 [교인] 95
윤위호 [교인] 84
유응춘 [목회자] 28
윤지현 [교인] 99, 111
윤한선 [조사] 27, 85, 89, 181
은성하 [교인] 159
이강직 [교인] 118
이경아 [집사] 73
이공술 [교인] 128, 131, 133
이규석 [손자] 9, 175
이기동 [교인] 153, 155
이눌서/ 레이놀즈 [선교사] 106, 113, 143, 178, 187
이만균 [교인, 권서인] 28, 83, 90
이민자 [손녀] 9, 175
이방섭 [교인] 155
이방춘 [교인] 132
이봉갑 [교인] 115
이봉환/ 봉환 [아들] 56, 109, 161, 167, 175
이상규 [목사] 28, 202
이상용 [교인] 119
이상직 [권사] 70, 79, 81, 82, 83, 90
이석락 [목사] 79, 205
이석순 [교인] 99, 111
이성근 [교인] 121
이성환/성환 [아들] 161, 169, 172, 174,

          176
이수현 [목사]   59, 144, 180
이숙희 [손 자부]   9, 175
이순완 [교인]   75
이순필 [장로]   112, 137, 180, 182
이승한 [교인]   106, 107
이승훈 [장로]   105, 106, 181, 182
이안용 [교인]   144
이영근 [교인]   84, 89
이영일 [교인]   152
이영자 [교인]   125, 128, 133, 175
이영한 [교인]   70
이영환/ 영환 [아들]   74, 79, 80, 81, 90,
          170, 176
이용수 [교인]   112
이원성 [교인]   78
이유희 [교인]   57, 68
이은옥 [교인]   114
이의순 [교인]   128
이인범 [목사]   58, 180
이인조 [권사]   19, 58, 64, 74, 95, 114,
          142
이자민 [집사]   69, 103, 104, 109
이재풍 [교인]   117
이정구 [교인]   121, 122, 126, 161
이종규 [교인]   121
이종석/ 리종섭 [교인]   66, 115
이종완 [교인]   111
이종행 [교인]   102, 117, 123, 152
이주금 [교인]   130
이중환/ 중환 [아들]   109, 169, 176
이치섭 [교인]   154

이창규 [목사]   114, 134, 180
이창래 [교인]   119, 123
이춘자/ 춘자 [교인]   120, 122
이춘집 [교인]   127
이택순 [교인]   131
이판하 [교인]   63
이한수 [교인]   159
이한용 [교인]   122, 125
이호종 [장로]   135
이홍식 [목사]   29, 30, 114, 137, 150,
          180, 186, 203,
이희순/ 희순 [딸]   62, 70, 167, 175
잉골드/ 최부인 [선교사]   109, 140,
          179, 202

(ㅈ)

장금식 [사위]   56, 175
장문춘 [조사]   27, 98, 181
장문태 [교인]   98
장봉영 [교인]   116
장상수 [교인]   116, 129
장석규 [교인]   117, 125, 131
장옥근 [교인]   121
장옥문 [손녀]   9, 174, 175
장은옥 [손녀]   9, 77, 85, 175
장재광 [교인]   117
전영철 [집사]   70
전익선 [교인]   108
전재섭 [교인]   26, 27, 65, 142
전점출 [교인]   140
정관혁 [장로]   67
정귀년 [교인]   124

정금순 [교인] 129
정대준 [교인] 153, 154
정대중 [교인] 161
정병진 [교인] 129
정선봉 [교인] 140
정순갑 [교인] 128
정순원 [집사] 67
정순이 [교인] 129, 131
정영금 [집사] 73
정영례 [교인] 126
정영운/ 영운 [집사] 67, 81
정영애 [교인] 160
정인과/ 정의종 [목사] 27, 109, 180
정인대 [교인] 140
정재경 [교인] 77, 82
정재학 [집사] 112, 148, 150
정종술 [교인] 160, 161
정종실 [교인] 153, 155, 161
정태선 [교인] 118
정태옥 [교인] 57, 59, 68, 79, 82, 155, 160
정팔현 [조사] 26, 56, 66, 67, 81, 84, 85, 88, 89
조공덕 [교인] 125, 128, 132, 154, 160
조귀덕 [교인] 121, 122
조규덕 [교인] 124
조병기 [교인] 117
조상준 [교인] 29, 94
조승제 [목사] 96, 180
조영호 [장로] 135, 182
조요섭 [선교사] 60, 179
조원시 [선교사] 56, 179
조재룡 [장로] 27, 63, 69, 71, 181
조회권/ 조해권 [영수] 29, 30, 77
조해수 [교인] 75, 76
주기철 [목사] 15, 87, 96, 180
주남고/ 주남선 [장로, 목사] 27, 28, 30, 32, 63, 69, 75, 79, 81, 82, 137, 180, 181, 186
중환 → 이중환
지명안 [교인] 117
지명원 [교인] 160
지주안 [교인] 153
진정열 [교인] 160

(ㅊ)

최경식 [교인] 122, 125
최남득 [교인] 159
최두수 [집사] 67, 152
최삼열 [교인] 118, 128, 160
최성준 [교인] 97
최성환 [교인] 146
최순달 [권사] 67
최영수 [교인] 119
최완열 [손 사위] 9, 175
최의덕/ 테이트 [선교사] 8, 40, 105, 109, 139, 140, 166, 167, 168, 170, 179, 187
최판암 [교인] 118, 127, 128
추홍구 [교인] 86
춘자 → 이춘자

(ㅋ)
크레인 → 구례인

(ㅌ)
테이트 → 최의덕

(ㅍ)
패튼 [선교사] 97
플로렌스 [선교사] 100, 179

(ㅎ)
한마아 [교인] 26, 72
한명수 [교인] 57, 68, 69, 70, 74, 83, 90,
　　　　　　　91
한상동 [목사] 30, 180
한상용 [장로] 58, 144, 182
한석진 [목사] 146, 181, 186
한시주 [권사] 64
한명수 [교인] 57, 68, 69, 70, 74, 82, 83,
　　　　　　　90, 91
한영교 [교인] 82, 83, 85, 91
한인수 [목사] 9, 32, 202
한주수 [교인] 108
함병승 [함태영 2남] 8, 71
함병창 [함태영 3남] 8, 71
함태영 [목사] 8, 26, 56, 71, 74, 82, 83, 87,
　　　　　　　93, 96, 102, 108, 134, 137,
　　　　　　　145, 181, 186
허동일 [교인] 153
허엽 [교인] 146
홍성렬 [교인] 153, 154
홍순원 [교인] 154, 159

홍순주 [교인] 155
홍연철 [집사] 67
홍종필 [목사] 105, 134
황기주 [교인] 95, 109
황보기/ 황보 [조사. 장로] 26, 27, 28,
　　　　　　　32, 33, 65, 70, 109, 181, 186
황영환 [교인] 139
희순 → 이희순

부록 6

교회 및 지역 이름 찾기

(ㄱ)

가북교회/ 가북/ 가북면 17, 18, 20
가야면 18, 120, 122
가조교회/ 가조/ 가조면 17, 18
가천교회/ 가천/ 가천면 18, 86, 122
개복교회/ 개복동교회 105, 134
개평교회/ 개평 17, 18, 31, 56, 204
거창/ 거창군/ 거창읍 6, 7, 12, 14, 15,
  17, 18, 19, 20, 21, 22, 23, 24,
  25, 28, 29, 30, 31, 32, 33, 34,
  35, 36, 39, 57, 58, 59, 60, 62,
  63, 65, 66, 69, 73, 74, 75, 80,
  81, 83, 87, 91, 92, 93, 94, 95,
  96, 100, 108, 111, 113, 114, 116,
  118, 119, 120, 121, 122, 123, 124,
  125, 136, 139, 140, 146, 150,
  170, 171, 177, 178, 180, 181, 202,
  203, 204, 205, 206
거창교회/ 거창읍교회 17, 18, 28, 180
경산 104
경주 67, 103, 180
고제교회 18
고제면 18, 66, 118
고현교회 104
곤명면 118
관기교회/ 관기/ 관기리 17, 18
광주북문안교회/ 금정교회/ 광주제일교회
  98, 113, 179
광주제일교회 → 광주북문안교회

광주중앙교회 59, 180
교북교회/ 교북/ 교북리 67
구봉리교회/ 원평교회 6, 59, 80, 104,
  106, 107, 136, 137, 167, 168, 168,
  179, 181
구암교회 114, 146, 169, 179, 180
구원교회/ 구원/ 구원리 17, 18, 122
군북교회 180
군산 59, 105, 114, 116, 119, 134, 146,
  169, 179, 180
군산중앙교회 59, 180
금산교회 → 두정리교회
금산/ 금산군/ 금산면/ 금산리 6, 203,
금산읍교회/ 금산제일교회 56, 58, 114,
  172, 180
금정교회 → 광주북문안교회
기장 31
김제 6, 24, 58, 60, 80, 104, 136, 137,
  144, 165, 166, 167, 172, 174,
  181, 182
김천 104, 108, 134, 146
김해 96, 180

(ㄴ)

나복곡/ 나복동 123, 124
나부골 120
남상면 18, 19, 60, 121
남원읍 139
남하면 18, 122

내도리교회 179
노현교회/ 노현리교회 68, 79
농산교회 17, 18, 20

(ㄷ)
대남교회 17, 19, 20
대남리 19, 121
대산교회 → 청림교회
대야리 18, 122
대전 134, 153, 154, 172, 173, 174
덕암리 56
도동교회/ 도동 17, 18, 20, 70, 110
도북면 64
도평교회 17, 18
독골교회/ 독골 19, 120
동원교회/ 동원 18, 20, 70, 147, 151
두무산 120

(ㅁ)
마령교회 70
마산 21, 23, 59, 92, 112, 180, 181, 182, 202
멜버른 21, 57
모간면 64
묘산/ 묘산면 18, 110, 120
문창교회 23, 59, 112, 180, 181, 182

(ㅂ)
백토면 64
본촌/ 본촌리 118, 119, 120
봉산교회/ 봉산/ 봉산리 66, 67
부산 17, 21, 28, 31, 33, 92, 103, 137, 177, 178, 180, 202, 205
북상교회/ 북상면 17, 18, 20

(ㅅ)
사근교회(= 수동교회)/ 사근/ 사근면 18, 19, 30, 64
사천 96, 118, 180
사촌교회 180
산청/ 산청읍 75
삼양리교회 179
삼천포교회 203
상남교회 17, 19, 20
서문밖교회/ 서문외교회/ 서문교회 104, 106, 179, 180
서상교회/ 서상/ 서상면 18, 19, 20, 121
서천 14
성기교회. 성기/ 성기리 17, 18, 31, 116, 147
성주군 70
소야교회/ 소야 18, 20, 29, 30, 74, 75, 78, 114, 120, 203
송현성결교회 58, 180
수동/ 수동면 19, 64
수동교회 → 사근교회
수류면 60, 119
수안교회 71, 179, 180
순천 100, 109, 177
순천중앙교회 58, 180
신원면 18, 29, 74, 120
신창 19, 94, 169
쌍용/ 쌍용리 60, 117

(ㅇ)
안국동 138
안의교회/ 안의/ 안의읍 18, 19, 31, 33, 56, 63, 66, 67, 81, 152
야로/ 랴로/ 야로면 17, 18, 20, 111, 120

양림교회 113, 179
연지동교회/ 연동교회/ 연지동　138, 145
와룡/ 와룡리　18, 29, 120, 123, 124, 126
용계/ 용계리　19, 60, 120, 131, 132, 207
용신　120
용암/ 용암리　19, 118, 119, 120
용평/ 용평리　118, 121
완산정교회/ 전주완산교회　106, 107, 179
완주군　123, 124
운곡교회　17, 19, 20, 205
울산　31
웅양교회/ 웅양/ 웅양면　17, 18, 30
원기교회/ 원기동　17, 18
원평교회 → 구봉리교회
월평/ 월평리　19, 121
위천교회/ 위천　25, 28, 29, 63, 68, 181
이리/ 익산　56, 104, 113, 114, 180, 182
이리제일교회 → 후리교회
인동교회　41, 180
임상교회　58, 182

(ㅈ)
적화교회/ 적화/ 혁화　17, 18, 118
전주　58, 60, 65, 103, 104, 105, 106, 107, 113, 114, 127, 138, 145, 174, 178, 179, 202
전주완산교회 → 완산정교회
전주태평교회　58, 179
제주　113, 114, 179, 180
주상면　18, 19, 111, 116, 120
지곡면　18, 64

(ㅊ)
청덕/ 청덕면　18, 20, 121
청림교회(=대산교회)/ 청림　17, 18, 60, 61
초계교회/ 초계/ 초계면/ 초계리　18, 30, 148

(ㅍ)
팟정리교회/ 팟정이교회 → 두정리교회
평양　6, 30, 31, 58, 59, 71, 87, 88, 98, 100, 101, 104, 105, 113, 114, 143, 144, 145, 146, 168, 170, 177, 178, 179, 180, 181, 203
평해　105

(ㅎ)
하성교회　18
한기리　18
함안읍교회/ 함안　180
함양교회/ 함양읍교회/ 함양/ 함양읍　17, 18, 31, 32, 33, 65, 203
합천교회/ 합천읍교회/ 합천/ 합천읍　17, 18
화산면　123, 124
황등교회/ 황등　56, 62, 182
혁화(赫化) → 적화(赤化)
회평(會坪)　119, 120
후리교회/ 이리제일교회　114, 180

부록 7

사물 이름 찾기

(ㄱ)
가남정(伽南亭)   111, 205, 206
감(단감)   81, 84, 108
감자   84
감주   78
건량[건양]   68, 204
경편차   104
계란   63
고려신학교   30
과자   72, 81, 106
광주금성여관   116
「곡조찬송」   69
『교회사기(敎會史記)』 81, 83, 147
구두   68, 69, 72
군산영명중학교   114
권서/ 매서(賣書)   103
금산사(金山寺)   161, 165, 166
금성국일여관(金城國一旅館) 137
금성대흥여관(金城大興旅館) 145
금성성서공회 → 성서공회
금성예수교서회(金城耶蘇敎書會)
  → 예수교서회
금정의원(金井醫院) 25, 29, 94
기도회   27, 59, 66, 71, 74, 75, 76, 77,
         79, 83, 84, 86, 87, 91, 95, 96,
         97, 99, 103, 106, 115, 151

「기독신보」   56, 145
기명(器皿)   91
기숙사   96, 143
기장[서(黍)]   61
꿀   86
꿩[꾸엉]   74

(ㄴ)
난로   62, 64, 66
내의(內衣)   63, 144
냄비   63
냉면(冷麵)   96

(ㄷ)
다베(다비)   44, 74
대전신학교   41, 173, 180
대정여관(大正旅館)106
대한기독교서회 → 예수교서회
대한성서공회 → 성서공회
등사판   90

(ㄹ)
류산동   60

(ㅁ)
마산관(馬山舘) 96

맥분(麥粉)	80	「승리의 생활」	63
면(綿)	88	신경어	94
면장(面長)	83, 84	「신생(新生)」	56, 86
멸치	69, 94	신작로	66
명태(明太)	81	시화(柿花)	70
묵/ 메밀묵	91	신문지	92
		신천지(新天地)	58
(ㅂ)		「신학세계」	56, 59
박문관(博文館)	72	신흥학교(新興學校)	106
반지(半指)	89	심상소학교	84, 85, 103, 109
배돈병원	63, 97	쌀[米]	152
병탕(餅湯)[떡국]	76		
보통학교	65. 84, 85	**(ㅇ)**	
비료	92	아스피린[외쓰푸린]	45, 70, 71
		아희생활사	63
(ㅅ)		양	100, 101, 157
사관(舍館)	75, 77,	연돌	62, 64, 66, 82
『선다싱[산다싱]』	147	연보(捐補)	19, 64, 93, 162
성서공회 /금성성서공회 /		연하장	56
조선성서공회 / 대한성서공회		예수교서회 / 조선예수교서회/	
	71, 79, 103	금성예수교서회/ 대한기독교서회	79,
『성경전서』	57		83, 84, 89, 109, 113,
소방대(消防隊)	65		145
소뼈	89	옥향목(玉香木)	88
소포	84, 88, 89	우육(牛肉)/ 소고기	62, 83, 90, 109
소화(昭和)	41, 91, 133, 153	우체국[우편소]	64, 71
송수(松樹)/ 송지(松枝)/ 소나무잎/송엽		운동화	74
	70, 79	위산[胃散]	70
순천 매산학교	100	「유년통일공과」	64
숭늉밥	27, 81, 82	유니온 신학교	98
숭실학교(평양 숭실학교)	88, 113, 143,	유바	98
	178	은행	100

이지상치(二指嘗治) 153
이코치니(イコチニ) 60
일성여관(日成旅館) 134

(ㅈ)

자동차(버스)	75
장닭	98
장작	81
재봉 기계	140
전방(廛房)	87
전병 → 진병	
전보(電報)	26, 89
정류소	65, 74, 82, 88, 89, 98, 108
제등양(濟等洋)	113
조기[조구]	83
조선성서공회 → 성서공회	
조선예수교서회 → 예수교서회	
죽	81
진병(眞餠)/ 전병(煎餠)	67
진아빵	87

(ㅊ)

『찬송가』	57, 69
천생의원(天生醫院)	66, 67, 68
청어(靑魚)	83, 100
청황(靑黃)	74

(ㅋ)

카떼이(カテイ)	60
콩(太)	57, 81

콩나물	81, 84
콩잎	81, 100

(ㅌ)

태비(駄費)	140, 141, 146, 147, 148, 152

(ㅍ)

편지	7, 27, 30, 34, 45, 56, 63, 65, 68, 69 70, 71, 180
평양신학교	6, 30, 58, 71, 87, 98, 100, 101, 104, 105, 113, 143
프린스턴 신학교	98

(ㅎ)

향목(香木)	87
해수욕(海水浴)	134
흑향목(黑香木)	87
히상연	60

참고문헌

※ 보통 참고문헌은 책을 많이 인용하지만, 이 일기를 옮기는 데 도움이 될 만한 책은 소수에 불과하다. 오히려 인터넷 자료가 많은 도움을 주었고 자세한 정보를 제공하였다.

1. 종이(책) 문헌

김수진,『이자익 이야기-마부에서 총회장까지』, 서울, 한국장로교출판사, 2005.
김형대,『섬기는 리더십』, 부산, 도서출판 GloVil, 2017.
문성모, "이자익 목사의 설교",『한국교회 설교자 33인에게 배우는 설교』, 서울, 두란노, 2012.
박태안,「거창지역 기독교 전래와 성장에 관한 연구」(1904년부터 1960년대까지), 대전, 2020년, 건신대학원대학교 박사학위 논문.
송영애, 선교사 기록에 나타난 전주의 풍속, 마티 잉골드의 자료를 중심으로,「전북학연구 제4집」, 전주대학교, 2021.12.30. 161~198쪽.
양명득(편저),『호수선교사 겔슨 엥겔』, 고양, 나눔사, 2023.
양명득,『호주선교사 열전-마산과 거창』, 고양, 나눔사, 2023.
양명득(편역),『호주장로교 한국선교역사 1889~1941』, 에디스 커, 조지 앤더슨 지음, 서울, 동연, 2017.
이상규,『부산경남지방 기독교회의 선구자들』, 부산, 고신대학교출판부, 2012.
이상규,『왕길지(Gelson Engel)의 한국선교』, 서울, 숭실대학교 한국기독교문화연구원, 2017.
정병준,『호주장로회 선교사들의 신학사상과 한국선교 1889-1942』, 연구총서 19, 서울, 한국기독교역사연구소, 2007.
주명준,『원평교회100년사』, 서울, 민영사, 2011.
한인수, "이자익 목사",『호남교회 형성 인물』, 서울, 경건, 2000,
허호익,『이자익 목사의 영성과 리더십』서울, 동연, 2014.

『경남노회 100년사』, 대한예수교장로회 경남노회, 부산, 육일문화사, 2017,

『경남(법통)노회 100년사』(1916-2016), 경남(법통)노회100년사편찬위원회, 서울, 키아츠(KIATS) 출판, 2016.
『금산교회 당회록』1918~1925년, (영인본)
『금산제일교회100년사』, 양승백 지음. 서울, 한국장로교출판사, 2009.
『기독교대백과사전』, 1~16, 기독교대백과사전편찬위원회, 서울, 기독교문사, 1991.
『내한선교사사전』, 내한선교사사전편찬위원회 편, 서울, 한국기독교역사연구소, 2022.
『대전신학대학교 50년사』, 대전신학대학교 편, 서울, 한국장로교출판사, 2004.
『미국장로교 내한 선교사 총람』, 미국장로교 한국선교회 편, 서울, 도서출판 동방커뮤니케이션, 2020.(PDF)
『조선예수교장로회 사기 1~7』, 경성, 조선예수교장로회 총회, 1925~1968.
『조선예수교장로회 연보』, 서울, 한국교회사 문헌연구원, 2002.
『함양교회 90년사 고난과 은총의 길』, 김종혁 편저, 함양교회, 1998, 78쪽
"평양신학교 역대 졸업생 명단",「한국기독공보」, 1981.9.5.
「예수교회보」1907. 11. 27.
「The Missionary Chronicle」, September 1, 1923.
「The Missionary Chronicle」, October 1. 1928.

2. 인터넷 문헌

거창군청 홈페이지 (https://www.geochang.go.kr/_res/intro/intro.jsp)
경남뉴스저널, 박태안 목사 학위논문 "소야교회"
　　　　(https://www.knnj.co.kr/news/articleView.html?idxno=1976)
고신뉴스KNC,
　　　　삼천포교회 (https://www.kosinnews.com/news/articleView.html?idxno=29338)
고신뉴스KNC, 이흥식 목사 귀천 90주년 기념 추모예배
　　　　(https://www.kosinnews.com/news/articleView.html?idxno=20961)
기독신문, 통영시 기독교 전파 100주년
　　　　(https://www.kidok.com/news/articleView.html?idxno=13242)
대한성서공회 홈페이지, 연혁

(https://www.bskorea.or.kr/bbs/content.php?coid=subpage1_3_3_4)

무적해병신문, 송현 목사(해병 29기)

(http://www.rokmcnews.kr/news/articleView.html?idxno=352)

시사저널 1849호, 거창군

(https://www.sisajournal.com/news/articleView.html?idxno=212972)

크리스찬리뷰, 거창, 창원 (https://www.christianreview.com.au/897)

한문성경 1912, 레위기 (http://www.hanjanews.com/news/articleView.html?idxno=7290)

합천군청 홈페이지, 대양면 (https://www.hc.go.kr/04960/05111/05586.web)

국어사전, 건량(乾糧) (https://dict.wordrow.kr/m/391219/)

거창 초기 기독교역사-조현국

(http://bpkist.net/jboard/?p=detail&code=ilbanaa002&id=1373&page=98)

나무위키, 부군면 통폐합, 남부지방

(https://namu.wiki/w/%EB%B6%80%EA%B5%B0%EB%A9%B4%20%ED%86%B5%ED%8F%90%ED%95%A9/%EB%82%A8%EB%B6%80%20%EC%A7%80%EB%B0%A9)

나무위키, 합천군, 행정

(https://namu.wiki/w/%ED%95%A9%EC%B2%9C%EA%B5%B0/%ED%96%89%EC%A0%95)

내 고향 역사 알기, 함양군 면의 폐합에 관한 건

(https://theme.archives.go.kr/next/oldhome/map/detailArchive.do?key=K&key1=%EA%B2%BD%EA%B8%B0%EB%8F%84&key2=%EC%9D%B8%EC%B2%9C&key3=%EA%B0%95%ED%99%94%EA%B5%B0&archive_evnt_id=0026882718)

디지털함양문화대전, 개평교회

(https://www.grandculture.net/hamyang/index/GC07201017?category=%EC%A7%80%EB%AA%85%2F%EA%B8%B0%EA%B4%80%EB%AA%85&depth=2&name=A~Z%2C0~9&page=130&search=%EC%95%88%EC%9D%98%EA%B5%90%ED%9A%8C)

디지털거창문화대전, 마산교회

    https://changwon.grandculture.net/changwon/index/GC02209005?cat
egory=%EC%9D%B8%EB%AA%85&depth=2&name=%EC%95%84&p
age=46&search=%EC%9D%B4%EC%88%9C%ED%95%84

디지털거창문화대전, 완대리

    (https://geochang.grandculture.net/geochang/index/GC06301248?cat
egory=%EC%A7%80%EB%AA%85%2F%EA%B8%B0%EA%B4%80%E
B%AA%85&depth=2&name=A~Z%2C0~9&page=120&search=%EB%
8F%85%EA%B3%A8%20%EB%A7%88%EC%9D%84)

디지털함양문화대전, 운곡교회

    (https://hamyang.grandculture.net/hamyang/toc/GC07201025)

부산노회, 노회연혁

    (http://busanpck.onmam.com/m/bbs/pageView?hompiSeq=2864&sub
master_seq=58)

사등교회 100년사, 제19회 경남노회록(1925.6.30))

    (http://www.sadeung.org/board/view.do?iboardgroupseq=4&iboardm
anagerseq=18&currentpagenum=&searchitem=&searchvalue=&iboar
dseq=2200&irefamily=2200&ireseq=0)

사등교회 100년사, 제21회 경남노회 부록(附錄)-직분자 명부(1926년 7월 현재)

    (http://www.sadeung.org/board/view.do?iboardgroupseq=4&iboardm
anagerseq=18&currentpagenum=2&searchitem=&searchvalue=&iboa
rdseq=2203&irefamily=2203&ireseq=0)

위키백과, 합천 가남정

    (https://ko.wikipedia.org/wiki/%ED%95%A9%EC%B2%9C_%EA%B0
%80%EB%82%A8%EC%A0%95)

징로교 목사 이석락 (https://skybluegirin.tistory.com/4880)

조선총독부 기록으로 본 한국 그리스도의 교회

    (http://kccs.info/koreanchurch1930-40s.pdf)

크리스천 라이프, 정병준 교수의 호주선교사 열전(48) 프레더릭 제임스 토마스 목사(1884. 6. 7-1963. 7. 4)

(https://chedulife.com.au/%ec%a0%95%eb%b3%91%ec%a4%80-
%ea%b5%90ec%88%98%ec%9d%98-%ed%98%b8%ec%a3%bc%
ec%84%a0%ea%b5%90%ec%82%ac-%ec%97%b4%ec%a0%8448-
%ed%94%84%eb%a0%88%eb%8d%94%eb%a6%ad-
%ec%a0%9c%ec%9e%84%ec%8a%a4-%ed%86%a0/)

한국민족문화대백과사전, 거창군
(https://encykorea.aks.ac.kr/Article/E0001907)

한국민족문화대백과사전, 고장환
(https://encykorea.aks.ac.kr/Article/E0003913)

한국장로신문, 2019.4.27. 믿음의 선진, 삼형제이야기 오윤선·오형선·오원선 장로(32) - 오형선장로(8)
(http://jangro.treem.kr/Jmissions/detail.htm?aid=1556246092&PHPSESSID=byyjrlnqhs)

합천의 추모 재사, 가남정(伽南亭) (https://gotn.tistory.com/323)

호주선교부의 '거창지부'
(http://bpkist.net/jboard/?p=detail&code=ilban-aa002&id=491&page=98)

블로그, 거창 가천마을 (https://blog.naver.com/toyou10123/221270358749)

블로그, 경남노회사 (https://m.blog.naver.com/acekjm/50147027545)

블로그, 경상남도 거창군 합천군 행정구역 및 인구
(https://blog.naver.com/pahoon/50188585718)

블로그, 곤양교회 117년 역사 기록 (https://blog.naver.com/bigshu/223718354411)

블로그, 월간중앙, 남궁혁 목사의 숨겨진 생애
(https://blog.naver.com/kjyoun24/222015595218)

블로그, 정병준의 교회사 교실, 스텔라 메이 스코트 디커니스
(https://blog.naver.com/jbjoon63/30102101709)

블로그, 정병준의 교회사 교실, 캐서린 제이 레잉 디커니스
(https://blog.naver.com/jbjoon63/30096106432)

블로그, 제5대 김만일 목사 (https://blog.naver.com/kyjc55/140023594750)

블로그, 진주 서부경남 선교사 (https://blog.naver.com/wss18404/120008261734)
블로그, 탁월한 지도력의 사람 이자익
　　　(https://blog.naver.com/kjyoun24/60056486390)
블로그, 합천군 합천읍 용계리 (https://blog.naver.com/hmi0419/220943973187)

이자익 목사 일기 - 1929년 자필본 해제(解題)
이자익 목사 거창선교 100주년 기념

옮긴이	문성모
펴낸이	정덕주
초판 인쇄	2025. 5. 8
2판 인쇄	2025. 7. 1
펴낸곳	한들출판사
	서울시 종로구 대학로 19(기독교회관 1012호)
	등록 제2-1470호. 1992년
홈페이지	www.handl.co.kr
전자우편	handl2006@hanmail.net
전화	편집부 02-741-4069
	영업부 02-741-4070
ISBN	978-89-8349-857-1 93230

* 잘못된 책은 구입하신 곳에서 바꾸어 드립니다.
* 이 책의 내용을 무단 복사, 복제, 전제하는 것은 저작권법에 저촉됩니다.